Almut Müller

Mein Gespräch mit Friederike

W0340225

Almut Müller

Mein Gespräch mit Friederike

Die wundersame Begegnung zweier Frauen

Eine Erzählung

Dieses Buch ist für all jene, die verrückt und mutig genug sind,
ihr eigenes Ding zu machen,
ihren eigenen Weg zu gehen,
die Dinge immer wieder neu zu denken
und sich immer wieder neu einzulassen.

Ich danke jenen, die mich in den letzten 15 Jahren begleitet, inspiriert und unterstützt haben.
Vor allem danke ich Sven-David Müller, Mareike Carlitscheck und Kirsten Steker, die mir geholfen haben, den Glauben an mich und meinen Traum nicht zu verlieren und meinen Weg nicht aufzugeben.

Und der größte, dickste und herzlichste Dank geht an meinen Sohn Linus. Er hat mich nicht nur inspiriert, ermutigt und begleitet – er hat auch mein Schreiben ausgehalten. Und das war sicher nicht immer leicht.
Du bist ein Schatz!

EINLEITUNG

Tanja konnte es kaum glauben, wie ihr geschah. Es kribbelte überall, „Schmetterlinge im Bauch" nannte man das wohl. Dass ausgerechnet sie, einen wie ihn... Es war so aufregend, so unfassbar schön.
Und hier saßen sie, genossen einander, hielten sich. Alles hätte perfekt sein können, wäre da nicht ihre Angst. Angst vor dem Drama, das zu Hause auf sie warten würde. Tanja wusste, sie war spät dran. Aber sie wollte diesen Traum, diesen wunderbaren Abend noch nicht beenden. Sie versuchte, die Gedanken an später aus ihrem Bewusstsein zu schieben. Aber je mehr der Abend vorrückte, desto nervöser und banger wurde sie. Die Stimmung war dahin, so sehr sie versuchte, sie festzuhalten.
„Ich muss los." Nervöse Stiche schossen durch ihren Bauch.
„Ruf an, dass du später kommst."
„Zu spät, der Zug ist schon abgefahren." Sie zog sich ihre Schuhe an.
„Ok, dann fahre ich dich."
Gemeinsam machten sie sich auf den Weg zu seinem Auto. Es war nur ein kurzer Weg zu ihr nach Hause. Aber für einen Moment gelang es ihr noch mal, seine Nähe zu genießen, sich ihres Lebens zu freuen. Sie hielten an der Ecke ihrer Straße, und nach einer letzten innigen Umarmung, einem Kuss, nahm sie ihren Mut zusammen und stieg aus. Als sie in Richtung ihres Zuhauses ging, da wo sie mit ihren Eltern und ihren zwei Geschwistern wohnte, wurde sie mit jedem Schritt mutiger. Pah! Sollten sie doch meckern, ihr den Abend verderben konnten sie nicht mehr. Er war wunderschön gewesen! Das würde zwar niemanden interessieren, aber sobald sie in ihrem Zimmer verschwunden war, würde sie ihrer Freundin eine Nach-

richt tippen. Die würde sich mit ihr freuen. Ganz sicher. Sie musste nur so schnell wie möglich in die obere Etage in ihr Zimmer gelangen. Zu Hause im Flur spürte sie schon diese Stille. Diese Anspannung. Niemand war im Flur zu sehen, aber aus dem Wohnzimmer nahm sie Geräusche wahr. Sie hing ihre Jacke an die Garderobe, wechselte ihre Schuhe. Noch einmal atmete sie tief durch.
Gerade als sie ein fröhlich gemimtes „Bin wieder da! Gute Nacht!“ ins Wohnzimmer rufen wollte, öffnete ihr Bruder die Wohnzimmertür. Er schaute wütend. Er sah sie an, als sei sie so ziemlich das Letzte auf Erden. „Da bist du ja endlich! Schön, dass du auch mal kommst.“ Das sagte gerade er, er, der seit Jahren fast jeden Abend unterwegs war und sie und ihre Schwester die häuslichen Dramen und Anspannungen alleine aushalten ließ. Aber Tanja wollte jetzt nicht diskutieren, sie wollte keinen Streit. Nicht heute. Nicht jetzt. „Ja, es ist etwas später geworden. Es ging nicht anders.“ Damit drehte sie sich zur Treppe, begann, in die obere Etage zu steigen. „Jetzt weglaufen! Du hörst dir an, was wir zu sagen haben! Du spinnst wohl?!,“ brüllte ihr Bruder hinter ihr her. Woher er dazu das Recht nahm, wusste Tanja nicht. Vielleicht sprach schiere Verzweiflung aus ihm. Das konnte sie ihm nicht ganz verübeln. Sie konnte sich ausmalen, wie sein Abend verlaufen sein musste. „Nicht auf diesem Niveau, Philipp! Lass uns morgen reden!“ Tanja war stolz auf sich, dass sie es schaffte, sich nicht reinziehen zu lassen in den Streit. Sie ging in ihr Zimmer. Noch bevor sie ihre Tür schloss, hörte sie aufgeregte, streitende Stimmen aus dem Wohnzimmer. Sie konnte die Worte ihrer Eltern im Hintergrund nicht verstehen. Nur ihren Bruder hörte sie gut. Aufgebracht und voller Zorn rief er: „Da oben sitzt das Familienproblem!“

TEIL 1

Der Dialog

TEIL 1

Ich schreckte auf. Schon wieder war ich über meinem Buch eingeschlafen, das aufgeschlagen aus meinen Händen gerutscht war. Sein Knall auf den Boden hatte mich aufschrecken lassen. Irritiert blickte ich mich um. Bilder aus dem Buch, in dem soeben die Leiche gefunden worden war, hatten sich in meinen Traum geschlichen. Erleichtert stellte ich fest, dass die Realität weniger bedrohlich schien: Ich hörte das Rattern des Zuges, in dem ich saß, sah über die Sitzlehnen die Köpfe der anderen Reisenden ragen, alle mehr oder weniger mit sich selbst beschäftigt. Irgendwo hinter mir knisterte verräterisch eine Tüte, in der jemand nach Chips oder Gummibärchen wühlte. Ich ärgerte mich über mich. Endlich hatte ich mal viel Zeit zum Lesen, da übermannte mich der Schlaf. Eine Zugfahrt von München nach Berlin, ganz allein – die perfekte Möglichkeit, endlich den dicken Kriminalroman weiterzulesen, in dem ich schon seit Wochen auf den immer gleichen Seiten feststeckte. Und was passierte mir? Ich vermasselte es und schlief ein, statt Miss Marple auf ihren Spuren in die illustre Gesellschaft eines Pfarrhauses zu folgen. Ich brauchte jetzt einen Kaffee. Ein Blick auf meine Armbanduhr verriet mir, dass es bereits 15:30 Uhr war. Die perfekte Zeit für eine Tasse dampfenden Kaffees. Schon beim Gedanken daran roch ich das herrliche Kaffeearoma und wurde etwas wacher. Was wäre die Welt eigentlich ohne Kaffee? Meine wäre sicher trüb und ich ständig antriebslos. Ich gähnte und streckte mich, versuchte dabei trotzdem, unauffällig zu bleiben. Es musste ja nicht jeder der Mitreisenden mitbekommen, dass ich gegen den Schlaf kämpfte. Ich entschloss mich, ins Bordrestaurant zu gehen. Dort gab es nicht nur Kaffee, sondern auch Kuchen.

Schokokuchen. Mir lief das Wasser im Mund zusammen. Koffein und Zucker, auf diese Mischung würde Verlass sein, die bekam mich wieder wach.
Ich wankte also durch den schmalen Gang des fahrenden Zuges in die Richtung, in der ich das Restaurant vermutete. „Bitte, lieber Gott, lass mich jetzt nicht die Showmasterin für alle geben und über diverse Taschen, Koffer oder Beine stolpern“, stieß ich stillschweigend ein Stoßgebet zum Himmel. Ich hasste dieses Getaumel durch den fahrenden ICE. Aber mein Verlangen nach heißem Kaffee trieb mich an.
Das Zug-Restaurant war gut besucht, jeder Tisch war belegt. Enttäuscht wollte ich mir im Bistrobereich wenigstens einen Kaffee zum Mitnehmen bestellen, da sah ich an einem kleinen Zweiertisch eine ältere Dame sitzen, der Platz ihr gegenüber war noch frei.
Eigentlich war es überhaupt nicht mein Ding, mich zu jemandem an den Tisch zu setzen. Ich hasste den Smalltalk, auf den es dann zwangsläufig hinauslaufen würde. Ein kleiner Zweiertisch, an dem sich zwei fremde Menschen gegenübersitzen, zwingt geradezu öde und neugierige Gespräche auf. Und doch ließ mich heute irgendetwas stehenbleiben und die Frau genauer betrachten. Mein Interesse war geweckt. Ich kann nicht sagen, was es war. Das Gesicht der Dame hatte etwas so Liebenswertes, erschien so warmherzig, dass es mich einlud, mich zu ihr zu setzen. Ich kannte sie nicht, ich war mir ganz sicher, ich hatte sie noch nie gesehen. Und doch schien sie mir vertraut zu sein. Ich schüttelte kurz den Kopf. Was war mit mir los, fremde Menschen als Vertraute zu betrachten? Fühlte ich mich auf meiner Reise schon so einsam? Als ich mich gerade wieder umdrehen wollte, um mir meinen Kaffee zu kaufen, blickte die Dame auf und genau in die Richtung, in der ich stand. Möglicherweise hatte sie bemerkt, dass ich sie beobachtet hatte. Ihre hell-

blauen Augen strahlten zu mir herüber und mit einer kaum wahrnehmbaren, fast niedlichen Bewegung lud mich ihre linke Hand ein, mich zu ihr auf den freien Platz zu setzen. Zu spät, jetzt konnte ich nicht mehr weg. Ich lächelte leicht verkrampft, als ich mich ihrem Tisch näherte. „Entschuldigen Sie, der Platz an Ihrem Tisch ist noch frei? Darf ich mich zu Ihnen setzen?“, fragte ich die Dame überflüssigerweise, schließlich hatte sie mich ja gerade selbst dazu eingeladen.
„Bitte gern, natürlich“, antwortete sie freundlich und schaute mir zu, wie ich meine Tasche unter den Sitz abstellte, meine Jacke neben mich auf den Sitz legte und mich schließlich setzte. Mir war etwas mulmig zumute. Ich mochte Begegnungen mit Fremden nicht. Ich wäre jetzt lieber allein gewesen und wäre weiter meinen Gedanken nachgegangen. Oder Miss Marple. Vielleicht hätte ich mir doch besser meinen Kaffee „to go“ kaufen sollen. Jetzt fühlte ich mich beobachtet und überhaupt brauchte ich jetzt keinen Smalltalk.
„Hunger?“ Und schon kam die erste Frage von der Dame.
„Äh, na ja, eher Kaffee.“ Während ich sprach, fiel mir auf, dass mich sämtliche grammatischen Kenntnisse und Sprachgewandtheiten verlassen zu haben schienen. Ich hustete nervös, nestelte umständlich an der Getränkekarte herum und war froh, dass genau in diesem Moment der Kellner kam, dem ich meine Kaffee-Bestellung entgegenrufen konnte. „Mensch, Tanja, entspann dich“, ermahnte ich mich selbst und versuchte, die Dame mir gegenüber einfach zu ignorieren. Ich tat, als läse ich gespannt die Speisekarte, als wäre sie mein dicker Kriminalroman, während mir auffiel, dass ich vergessen hatte, meinen Kuchen zu bestellen. Na toll, auch das noch. Koffein ohne Zucker. Alles nur wegen dieser Person mir gegenüber. Sie machte mich nervös. Sie saß mir gegenüber,

schaute aus dem Fenster, vor sich ein Glas Mineralwasser. Bei einem weiteren heimlichen, vorsichtigen Blick zu ihr konnte ich feststellen, dass sie eigentlich keinen Anlass zu Nervosität oder gar Beklemmung gab. Sie saß ganz ruhig da und schien sich mir nicht mit Smalltalk-Absichten aufdrängen zu wollen. Ganz langsam entspannten sich meine Muskeln, und meine Nervosität wich. Was war denn bloß mit mir los? Immerhin hatte sie mich ja nicht an diesen Tisch geprügelt, ich war freiwillig hierhergekommen. Ich gab mir einen Ruck und versuchte, mich nun auf meinen Kaffee zu freuen. Und all meinen Mut zusammennehmend und jede Peinlichkeit vergessend, nahm ich mir vor, den Kellner gleich noch einmal mit meiner Kuchenbestellung loszuschicken. Meine Stimmung verbesserte sich langsam, aber sicher. Ohne die Aufmerksamkeit meiner Tischnachbarin erregen zu wollen, versuchte ich möglichst unauffällig, die Speisekarte auf den Tisch zurückzulegen. Langsam griff ich nach meiner Tasche und wühlte umständlich nach meinem Krimi. Nichts schützte mehr vor Smalltalk und anderen Peinlichkeiten, als sich hinter einem dicken Buch zu verstecken. Ich hatte nur wenige Zeilen gelesen, als der Kellner mir meinen Kaffee brachte und ich endlich den Schokokuchen bestellen konnte. Ein wenig stolz auf meine Überwindung wollte ich gerade weiterlesen, als mein Blick die Dame mir gegenüber abermals streifte. Mir fiel auf, dass sie immer noch entspannt aus dem Fenster schaute. Mein Blick folgte ihrem. Richtig spannend war es nicht, was ich draußen sah. Aber ihr schien es zu gefallen. Mir sollte es recht sein. Sollte sie doch tun, was sie wollte, ich hatte meine Ruhe, freute mich auf meinen Kuchen und trank meinen Kaffee. Ich konzentrierte mich wieder auf Miss Marple und ihre kriminalistische Spürnase in meinem Agatha Christie-Roman. Zumindest versuchte ich es. Die Konzentration wollte sich aber nicht wieder einstellen. Meine Gedanken schweiften immer wieder zu der Dame mir gegenüber. Was fesselte mich bloß so an ihr? Okay, sie war sicher eine attraktive Frau: bestimmt schon in den späten Sechzigern hatte ihre Erscheinung nichts an Schönheit verloren. Sie hatte volles, grau-weißes Haar, frisiert zu einem modernen, eleganten Kurzhaarschnitt. Ihr fein geschnittenes Gesicht wurde von hellblauen Augen dominiert, ihre Haut verriet kaum etwas über ihr Alter und ihre Kleidung war auffällig farbenfroh. Viele ältere Menschen trugen farblose, triste Kleidung, die oft so langweilig war, dass es schon wieder auffiel. Aber die Dame mir gegenüber trug über ihrem dunkelblauen Blazer ein hellblau-türkis-orange gemustertes Tuch, die großen, runden Ohrringe waren ebenfalls türkis, passend zu dem großen Ring an ihrem linken Ringfinger. Der taillierte, elegante Schnitt des Blazers verriet mir, dass sie ihre schlanke Figur nach wie vor zeigen konnte und wollte. Aber ihr Äußeres allein war es bestimmt nicht, das mich an ihr fesselte. Wieder überkam mich das Gefühl, sie zu kennen, ihr vertraut zu sein. Ich versuchte, noch einen genaueren Blick auf ihr Gesicht zu erhalten, ohne dabei aufzufallen. Nein, ich war mir immer noch sicher, sie noch nie gesehen zu haben. Plötzlich blickte sie zu mir herüber. Ich zuckte nervös auf meinem Platz zusammen. Jetzt hatte sie mich beim Beobachten erwischt, geht es noch peinlicher? Unsere Blicke trafen sich. Verschämt versuchte ich, eine Ausrede zu stottern, warum ich sie angestarrt hatte, doch das schien sie gar nicht zu interessieren. Sie fragte nur: „Na, ist der Krimi spannend?“ Irgendwie verhalf sie mir damit aus der peinlichen Lage heraus, und ich konnte etwas Belangloses über den Roman in meinen Händen stammeln. Zum Glück kam der Kellner mit meinem Kuchen. Schon das zweite Mal, dass er mich aus einer unangenehmen Situation rettete. „Beim Aussteigen muss ich mich noch bei ihm dafür bedanken“, nahm ich mir vor, wissend, dass ich das natürlich nie tun würde.

„Oh, was für eine feine Idee! Schokoladenkuchen! Der sieht sehr lecker aus. Ich nehme auch so einen als Dessert“, sagte die Dame zum Kellner und schmunzelte mir zu, als wären wir heimliche Verbündete und unsere Mission, den armen Kellner von allen anderen Gästen fernzuhalten und allein für uns in Anspruch zu nehmen. Schweigend ließen wir uns schließlich unsere Schokoladenkuchen schmecken. Seltsam war, dass es mir jetzt nicht mehr unangenehm war, der Dame schweigend gegenüberzusitzen. Ich hatte kein nervöses Gefühl, das mich zu einem sinnlosen Smalltalk trieb. Ich fühlte mich durch sie weder gedrängt zu sprechen noch beim Kuchengenuss beobachtet. Wir aßen einfach. Das fühlte sich gut an. Nachdem wir aufgegessen hatten, kamen wir schließlich doch ins Gespräch. Aber irgendwie merkte ich den Übergang vom Schweigen ins Gespräch nicht. Es war nicht unangenehm, nicht aufdringlich. Wir plauderten einfach etwas über den Krimi, den ich las, über Schokokuchen und Kaffee, über Zugfahrten im Allgemeinen und über diese Fahrt im Besonderen. Ich erzählte, dass ich beruflich in München gewesen war und mich nun auf dem Heimweg nach Berlin befand. Und die Dame erzählte, dass sie in München lebte, sich aber eine Modeschau bei der Fashion Week in Berlin anschauen wolle. Ich erzählte ihr, dass ich mich ebenfalls für Mode interessieren würde, auch wenn man mir das, zugegebenermaßen, nicht wirklich ansah. Aus dem Augenwinkel schaute ich etwas verlegen an mir herunter: Für die Fahrt hatte ich mir eine blaue Jeans angezogen, die ich schon so viele Jahre besaß und trug, dass sie inzwischen bequem ausgebeult und leicht abgewetzt war. Meine Füße steckten in schwarzen Lederstiefeln ohne irgendeinen Schnickschnack, ein kleiner Absatz war alles, was an ihnen auffallen konnte. Ich trug einen bequemen, dunkelgrauen Wollpulli, der dezent hellgrau, aber immerhin leicht glitzernd mit den Buchstaben L-O-V-E bedruckt war. Einziger Schmuck waren meine silberfarbene Uhr am linken Handgelenk und kleine, weiße Ohrstecker. Meine Haare, die ich dringend wieder heller nachfärben lassen musste, da der dunkelblonde Ansatz nun schon den größten Teil des Kopfes einnahm, hatte ich schlicht mit einem weißen Haargummi zu einem Zopf zusammengebunden. Bemerkenswert waren einzig meine in knalligem Rot lackierten Fingernägel. Alles in allem war meine Erscheinung nicht wirklich aufregend oder gar auffallend. Ich wünschte, ich würde bei meiner Wahl der Kleidung mehr Mut und Kreativität beweisen. Und doch griff ich der Einfachheit halber immer zu denselben Sachen beim Einkaufen und auch morgens am Kleiderschrank. Meistens musste es halt schnell gehen, und ich war oft knapp mit der Zeit. Für aufwendigere oder kreativere Kombinationen fehlte mir einfach die Zeit, vielleicht auch der Mut, und außerdem fand ich solche Outfits meist unpraktisch. Ich beneidete heimlich die Frauen, die mehr aus sich machten. Aber darüber wollte ich jetzt nicht weiter nachdenken. Friederike, so hieß die Dame, bot mir soeben das Du an, worauf ich mich als Tanja vorstellte. So schnell war ich noch nie mit einer fremden Person per Du gewesen. Wieder beschlich mich das Gefühl, dass sie mir gar nicht fremd war, sondern vertraut. Vielleicht stimmte zwischen uns auch einfach nur die Chemie, versuchte ich mir einzureden und schob damit das etwas unheimliche Gefühl, das mich beschlich, beiseite. Nachdem wir eine Weile geredet hatten und mein

Kaffeebecher bereits eine Zeit lang leer vor mir auf dem Tisch stand, beschloss ich, mir noch einen Weißwein zu spendieren. Ich hätte auch zu meinem Platz im Abteil zurückgehen können, wenn der überhaupt noch frei war. Ich hatte, sicherheitsliebend wie ich war, meine Jacke und Tasche mit zum Bordrestaurant genommen, sodass nun der Platz im Abteil nicht mehr erkennbar belegt war. Doch irgendwie gefiel es mir hier. Das Gespräch war nicht anstrengend, und ich musste auch nicht, wie im Abteil, gegen den Schlaf kämpfen. Also blieb ich einfach, wo ich war. Wie auf Kommando musste ich gähnen. Ich winkte dem Kellner und bestellte mir ein Glas Chardonnay. Friederike tat es mir gleich, sie meinte, so könnten wir auch gleich auf unser Du anstoßen. Anschließend lehnten wir uns zurück und schauten eine Zeit lang schweigend aus dem Fenster. Bis mich Friederikes Frage aus meinen Gedanken riss:
„Wie geht es dir?“ Sie schaute mich mit ihren glasklaren, großen, hellblauen Augen an, freundlich und zugewandt, ohne Neugierde. Ihre Frage klang wie eine Floskel. Doch sie schien ernsthaftes Interesse an meiner Antwort zu haben. Sie blickte mich an und wartete auf meine Antwort. Die Frage irritierte mich. Wir saßen nun bestimmt schon eine halbe Stunde beisammen, hatten Kuchen gegessen, Kaffee getrunken und geplaudert. Mir schien diese Frage mehr an den Anfang unseres Gespräches zu gehören. Doch vielleicht bezog sich ihre Frage auf mein Gähnen oder auch auf mein Schweigen. Demonstrativ mit mühsam entspanntem Gesichtsausdruck setzte ich mich etwas aufrechter hin, lächelte und antwortete ihr betont fröhlich: „Oh, mir geht es gut, danke!“ Und da ich ein weiteres Gähnen nicht verhindern konnte, fügte ich leicht errötend noch hinzu: „Nur ein wenig müde.“ Oh, wie peinlich war mir das alles. Sie musste ja den

Eindruck gewinnen, dass unser Gespräch mich langweilte. Ich hoffte, sie nahm mir ab, dass ich tatsächlich einfach nur müde war. Das konnte sicherlich jeder verstehen: Zugfahrten können halt sehr einschläfernd wirken. Sie nickte leicht und schaute mich weiter unverwandt an.

„Und wie geht es dir wirklich, Tanja?" Ihre Frage verstand ich nicht. Warum fragte sie das jetzt? Was meinte sie damit? Hatte sie mich nicht verstanden? Aber was gab es daran nicht zu verstehen? Mir wurde mulmig zumute. Friederikes Blick bohrte sich tief in meinen und ich spürte, dass sie ihre Frage wirklich ernst meinte. Vielleicht dachte sie, ich hätte meine Antwort nur mit Smalltalk-Absichten gegeben und ihre Frage damit abgetan. Doch ich fühlte mich tatsächlich gut, wenn auch müde. Also versuchte ich es noch einmal, ihre Frage zu beantworten:

„Ähem, ja wirklich, mir geht es gut. Ich fühle mich wohl. Ich hatte Kaffee und Kuchen und bin zufrieden. Ich meinte meine Antwort ernst."

„Ich meine Frage auch", bohrte Friederike weiter. „Ich würde wirklich gerne wissen, wie es dir geht. Warum bist du so müde?"

„Ach so, das meinst du, Friederike. Na ja, ich hatte einen langen Arbeitstag mit anstrengenden Gesprächen und jetzt die weite Fahrt von München nach Berlin. Ich freue mich auf mein Zuhause und mein Bett."

Jetzt fand ich es fast rührend, dass sich Friederike Gedanken über meine Müdigkeit machte. So schlimm empfand ich es grad gar nicht. Allerdings hatte ich keinen Spiegel zur Hand. Vielleicht zeigten sich mal wieder die dunklen Augenringe verräterisch. Das wäre mir schon ein bisschen unangenehm. Es sieht furchtbar aus: meine helle Haut in dem grellen Licht mit dunklen Ringen unter den Augen. Aber das konnte ich jetzt nicht ändern. Meine Schminkuten-

silien lagen zu Hause in meinem Badezimmer. Ich nahm mir vor, in Zukunft immer etwas dabei zu haben.
Doch Friederike schien mit meiner Antwort immer noch nicht zufrieden zu sein.
„Und das macht dich so müde? Du siehst aus, als hättest du ewig nicht richtig geschlafen oder dich entspannt. Ich habe nicht den Eindruck, dass du dich wirklich fit und wohl fühlst."
„Toll", dachte ich mir, „jetzt spielt sie direkt auf meine blasse Haut und die Augenringe an."
Aber Friederike blieb zum Glück zurückhaltend, was mein Aussehen anging. Stattdessen erklärte sie mir ihren Einwand: „Nein, ich denke, es sind ganz andere Dinge, die dich müde machen." Der Kellner kam und brachte uns unsere Weißweine. So hatte ich etwas zum Festhalten. Das Gespräch schien mir jetzt doch etwas skurril zu werden. Worauf wollte Friederike denn nur hinaus? Was meinte sie damit, was mich wirklich müde macht? Ich hatte es ihr doch erklärt, dass ein anstrengender Arbeitstag hinter mir lag. Und dass ich mich nicht wohl fühlte, dem konnte ich nicht zustimmen. Wie kam sie darauf? Hatte sie meine anfängliche Anspannung bemerkt und spielte darauf an? Aber ich hatte doch gerade noch beschlossen, nicht in das Abteil zurückzugehen, sondern hier mit Friederike sitzen zu bleiben, gerade weil es mir gefiel. Bevor ich nachfragen konnte, kam mir Friederike zuvor: „Ich würde gerne mit dir über deine Müdigkeit sprechen."
„Ich muss kurz zur Toilette", platzte es aus mir heraus. Friederikes Vorschlag verwirrte mich derart, dass ich mich erst mal sammeln musste. Am einfachsten war das alleine auf der Toilette. Am Waschbecken in der Zugtoilette ließ ich mir lange kaltes Wasser über die Hände laufen, einfach um etwas zu tun zu haben.

Was für ein dummer Abgang! Was musste Friederike jetzt für einen Eindruck von mir haben? Was war in mich gefahren, einfach so wegzustürzen? Wie unhöflich und kindisch. Es sah ja aus wie eine Flucht! Und wenn ich es mir recht überlegte, dann war es das auch tatsächlich gewesen. Doch wovor? Warum? Gut, okay, Friederike hatte mich mit ihren Fragen kalt erwischt und ziemlich überrascht. Ich fand es irgendwie ein merkwürdiges Thema und ihre Bemerkungen regelrecht unpassend. Ich sei nicht fit und würde mich nicht wirklich wohlfühlen. So ein Quatsch! Und was meinte sie mit ihrer seltsamen Anspielung, es wären ganz andere Dinge, die mich müde machten? Woher wollte sie das denn wissen? Was für Dinge sollten das sein? Oder wollte sie sich aufspielen? Den Eindruck hatte sie mir bislang aber eigentlich gar nicht gemacht. Andererseits war ja auch nichts wirklich Schlimmes an dem Thema. Es gab unangenehmere Dinge, über die man sprechen könnte, ganz sicher. Vielleicht war es viel weniger absonderlich, als es mir jetzt erschien. Ich könnte mir ja kurz anhören, was sie mir zu sagen hatte. Immerhin war sie eine ältere Dame mit mehr Lebenserfahrung als ich. Sie schien mir klug und wohlwollend zu sein. Vielleicht hatte sie mir tatsächlich etwas zu sagen. Ein paar Tipps in Sachen Fitness und Wohlbefinden konnten ja nun wirklich nicht schaden, oder? Und sollte es langweilig, uninteressant oder in irgendeiner Weise unangenehm werden, könnte ich immer noch versuchen, elegant das Thema zu wechseln, oder mich doch wieder in mein Abteil zurückziehen. Oder eben aufs Klo. Irgendwann würden wir Berlin schon erreichen, dann konnte ich aussteigen und Friederike und das ganze Gespräch für immer vergessen. Es war nicht mehr als eine Zugfahrt mit einer gepflegten, kurzweiligen Unterhaltung. Nicht mehr und nicht weniger. Fest entschlossen, ab sofort den Anstand zu wahren, verließ ich das WC und ging zurück zum Tisch im Bordrestaurant, an dem Friederike saß und tatsächlich auf mich wartete.

„Entschuldige bitte meinen plötzlichen Abgang, es war eilig“, versuchte ich mein auffälliges Verhalten zu erklären. Friederike, die gerade einen Schluck von ihrem Chardonnay nahm, lächelte verständnisvoll und sah irgendwie ein wenig amüsiert aus. Wenigstens war sie nicht beleidigt, dass ich sie so abgewürgt hatte. Sie schien es mit Humor zu nehmen.
„Also“, nahm ich den Faden unseres Gesprächs wieder auf, um meinen guten Willen zu zeigen und den Abgang wieder gut zu machen: „Was macht mich müde?“
Friederike stellte langsam ihr Weinglas auf den Tisch, als sie antwortete: „Entschuldige, wenn ich dich mit dem Thema etwas überfallen habe. Es steht mir eigentlich überhaupt nicht zu, über diese Dinge mit dir zu sprechen.“ Sie zögerte. „Aber wenn du einverstanden bist, will ich dir gerne etwas über deine Müdigkeit erzählen. Und dir Möglichkeiten zeigen, wie du munterer und lebendiger leben kannst.“ Mit ihren Worten weckte Friederike meine Neugierde. Es stimmte ja, ich war tatsächlich oft müde und fühlte mich irgendwie antriebslos. Das morgendliche Aufstehen fiel mir von Tag zu Tag schwerer, meine Zeit wurde immer knapper und ich kämpfte ständig gegen meine Unpünktlichkeit an. Mein Kaffeekonsum wuchs und mit ihm das Tempo, mit dem ich durch den Tag hetzte. Und abends nach der Arbeit schaffte ich kaum mehr die Hausarbeit oder andere wichtige oder sinnvolle Dinge. Meine Hobbies lagen brach, und meistens schlief ich bereits bei laufendem Fernseher auf dem Sofa ein. Oft schon gegen halb zehn.

Also wenn Friederike mir tatsächlich ein paar Tipps geben konnte, wie ich mich und meinen Zeitplan besser organisiert kriegen könnte, das wäre schon richtig hilfreich und interessant!
Friederike schien auf meine Einverständniserklärung zu warten, sie schaute mich schweigend, aber freundlich und abwartend an. Also schob ich schnell ein:
„Ja, gern, ich bin gespannt, was du mir zu sagen hast! Ich bin tatsächlich ständig müde, und etwas mehr Power könnte mir nicht schaden."
Friederike nickte langsam. Sie schien ihre Worte mit Bedacht zu wählen, als sie sprach: „Das finde ich schön. Danke, dass du dich auf das Thema und meine Worte einlassen willst. Deine Müdigkeit kommt ganz woanders her als von Arbeitstagen oder langen Zugfahrten. Du bist nicht bei dir. Das macht dich müde. Und auf Dauer sogar krank."
„Ich, äh, ich bin was?", stotterte ich unsicher. Was sollte das heißen? Nicht bei mir? Wo denn sonst? Was hatte das mit meiner Müdigkeit zu tun? Worauf auch immer Friederike hinaus wollte, es klang nicht nach einem der gängigen Zeitspartipps, auch nicht nach Organisations- oder Zeitmanagement-Theorien. Für mich klang es eher nach esoterischem Blödsinn oder dem Gefasel einer Weltverbessererin. Ich hatte lecker gegessen und getrunken und ein zumindest bislang angenehmes Gespräch geführt. Wo also bin ich denn sonst, wenn nicht bei mir? Was soll das überhaupt heißen: nicht bei sich zu sein? Wie auch immer das Gespräch weitergehen würde, ich hielt mich in Alarmbereitschaft. Das hier schien doch ganz anders zu verlaufen, als ich gedacht hatte.
„Du bist nicht bei dir", wiederholte Friederike überflüssigerweise, akustisch hatte ich sie ja verstanden. „Das macht dich müde. Du verbrauchst deine Energie mit vielen unnötigen und belastenden Spielchen."

Hatte Friederike „Spielchen“ gesagt? Was war denn jetzt los? Ich und Spielchen? Hatte ich sie doch gekränkt? Mit irgendwas? Hielt sie mich für so jemanden? Die mit anderen ihre Spielchen trieb? Ich wollte gerade zu einer Erklärung oder einer Entschuldigung ansetzen, für den Fall, dass ich sie irgendwie gekränkt hatte, doch Friederike sprach weiter: „Damit bist du nicht allein. Wir alle machen das. Wir tragen Masken und wir verstecken uns. Wir verteidigen und rechtfertigen uns, lehnen uns auf, wollen uns behaupten und beweisen und führen auf diese Weise jeden Tag anstrengende Wettkämpfe mit unserer Umwelt, unseren Mitmenschen und auch uns selbst. Das alles ist der pure Stress und der macht müde. Und unglücklich.“
Das klang einfach und doch auch wieder völlig unsinnig, fand ich. Und so gar nicht nach mir. Masken? Wettkämpfe? Ich hielt mich, zumindest bislang, für eine friedfertige Person, die stets auf Harmonie bedacht war. Konflikten ging ich am liebsten aus dem Weg. Als Kinderärztin war ich wohl kaum mit Ellbogen unterwegs. Wozu auch? Ich war so bescheiden, dass ich anderen meist den Vortritt ließ und selber gerne im Hintergrund blieb. Ich fiel gar nicht gerne auf. Also Wettkämpfe suchte man in meinem Leben wohl vergebens. Ich hasste sie, sie waren mir viel zu anstrengend! Und Masken? Na ja, klar, im Job trat ich sicher anders auf als privat. Aber das erschien mir doch, sinnvoll und notwendig zu sein! Schließlich wurden im Beruf andere Dinge von mir verlangt. Privat konnte ich mich anders geben. Aber war das nicht normal? Das sollte mich müde machen? Daher sollte meine Antriebslosigkeit kommen? Ganz allmählich fand ich das Gespräch albern. Ich hatte gehofft, wirklich etwas über meinen Umgang mit der Zeit zu erfahren. Stattdessen erzählte Friederike mir, ich würde Masken tragen und Wettkämpfe ausführen. Noch nie

hatte ich einen solchen Blödsinn gehört. Zumindest konnte ich mich jetzt etwas entspannen und musste nicht mehr so auf der Hut sein. Mit mir und meinem Leben hatte das Gespräch ganz offensichtlich überhaupt nichts zu tun. Daher sagte ich banal zu Friederike, um höflich zu bleiben und wenigstens eine Antwort zu geben: „Masken und Wettkämpfe, ganz ehrlich, ich bin mir nicht sicher, ob das auf mich zutrifft. Eigentlich mag ich Wettkämpfe nicht besonders. Das ist mir viel zu anstrengend. Und ich versuche, immer ehrlich und fair zu sein.“ Zum Glück war noch etwas in meinem Weinglas, sodass ich ablenken und einen großen Schluck nehmen konnte.

„Das glaub ich dir“, sicherte mir Friederike zu. „Uns sind diese Spiele meist nicht bewusst. Wir machen das nicht unbedingt aus böser Absicht oder um uns bewusst irgendwelche Vorteile zu verschaffen.“ Auch Friederike griff zu ihrem Glas und nahm einen Schluck von ihrem Wein. „Aber wir hängen so sehr an unserer Vergangenheit, unserer Erziehung und unseren Erfahrungen, dass wir kaum in der Lage sind, in der Wirklichkeit lebendig und wach zu sein. Wir kleben an unseren Meinungen und unseren Urteilen, dass wir sie ständig verteidigen. Und unser Blick auf die Zukunft ist verschleiert von unseren Ängsten, Schuldgefühlen, Erwartungen und Vorurteilen. All das nimmt uns unsere Lebendigkeit, macht uns müde und unglücklich. Doch es geht auch anders, denn so müssen wir nicht leben.“ Jetzt wurde es mir doch mulmig zumute. Erst erfuhr ich, dass ich angeblich irgendwelche Masken trug und Wettkämpfe ausführte, und nun erzählte Friederike mir, dass ich nicht lebendig und wach sein konnte, weil ich mich mit meiner Vergangenheit beschäftigte? Und ich verteidigte meine Meinungen? Hatte ich nicht gerade noch gedacht, dass ich ein friedfertiger Mensch bin? Ich

hielt nichts von langen Diskussionen über irgendwelche Standpunkte. Sollten andere doch anderes denken! Was kümmerte es mich? Und Ängste? Vorurteile? Also Friederike schien sich da irgendwie verrannt zu haben. Auch wenn das Gespräch für mich absurde Formen annahm, entschied ich mich doch dafür, sitzen zu bleiben. Aus irgendwelchen Gründen wollte ich Friederike gegenüber nicht unhöflich sein. Und es fiel mir keine Ausrede ein, mit deren Hilfe ich mich hätte zurückziehen können. Die Fahrt würde vorbeigehen. Ganz sicher. Sollte Friederike mir doch ihre Ideen erzählen. Vielleicht brauchte sie ganz einfach mal jemanden, die ihr zuhörte. Also ließ ich Friederike weitererzählen und mir ihre Gedanken mitteilen:
„Wir können lebendig und wach sein. Wir können echt sein, ohne Masken und Spielchen, die unsere Kraft verbrauchen. Wir können in Frieden und echter Harmonie mit uns und unseren Mitmenschen leben, wir können gesund sein.“ Ich wusste nicht, was ich dazu sagen sollte. Es klang für mich wie aus einem Werbespot für ein neues Mineralwasser oder für eine Kampagne, mehr Sport zu treiben. Wobei Letzteres mir nicht schaden würde. Aber ich war mir ziemlich sicher, dass Friederike darauf nicht hinauswollte. Offenbar sah mir Friederike mein Zweifeln an, denn sie fuhr etwas langsamer fort, als sie weitersprach:
„Erich Fromm hat einmal geschrieben, dass wir eine Gesellschaft notorisch unglücklicher Menschen sind – einsam, von Ängsten gequält, deprimiert, destruktiv und abhängig. Ich bin keine Weltverbessererin, Tanja!“ Hatte Friederike meine Gedanken gehört? „Aber ich bin davon überzeugt, dass wir das ändern können, wenn jede bei sich selbst beginnt. Du musst nicht unglücklich sein. Oder nenne es antriebslos und müde. Du kannst es ändern. Du!“
„Na ja, okay, aber... also bislang hab ich mich eigent-

lich nicht wirklich unglücklich gefühlt“, versuchte ich eine ausweichende Antwort zu geben, wobei mein Herz verräterisch stark pochte. „Ich finde es normal, nach einem langen Arbeitstag müde zu sein. Klar nervt es ab und an, oft hetzen zu müssen, aber so ist es halt.“ Ich schaute aus dem Fenster. Friederikes direkter Blick verunsicherte mich. „Ich lebe ein gutes Leben. Ich habe einen Job, gute Freunde, eine schöne Wohnung, in der auf mich mein Verlobter wartet.“ Immer noch musste ich kurz zögern, wenn ich dieses Wort aussprach. Es war noch so neu. Die Verlobung von Michael und mir lag erst knapp drei Wochen zurück. „Ich meine, klar, ich bin oft müde. Und ich wünsche mir, öfter mehr Zeit für mich zu haben. Wer tut das nicht?“ Ich lächelte etwas unsicher. „Und manchmal habe ich auch ein bisschen Angst, beispielsweise meinen Job zu verlieren. Wobei es dafür eigentlich gerade keinen Grund gibt.“ Ich steckte nervös eine Haarsträhne zurück hinters Ohr. „Dem Krankenhaus, in dem ich arbeite, geht es gut, also... Okay, manchmal ärgere ich mich über etwas – zum Beispiel wenn mir der Bus vor der Nase wegfährt oder die Nachbarn mal wieder viel zu laut ihre Musik hören. Oder ich streite mich mit jemandem. Aber, puh, das ist echt selten. Und diese Dinge sind doch alle normal! Ein Leben ohne diese Gefühle gibt es doch gar nicht. Ein Leben ohne Job und nur mit Zeit für sich, na ja, wäre das nicht auch furchtbar langweilig auf die Dauer?“ Je mehr ich sprach, desto mehr fiel mir auf, wie naiv und undurchdacht Friederikes Gedanken waren. Ein Leben bei sich, ohne Stress und Ärger oder Angst ist nicht nur utopisch, sondern auch gar nicht finanzierbar! Schließlich war ich keine Millionen-Erbin oder so etwas. Ich musste morgens zur Arbeit gehen und mich da an die üblichen Regeln halten und meine Aufgaben erledigen. Friederike erahnte meine Einwände wohl und schob nach: „Ich meine mit meinen Ideen kein Leben in ständiger Glückseligkeit und Euphorie. Natürlich lässt sich aus keinem Leben das Unglück heraushalten. Das anzunehmen, wäre naiv und sehr blauäugig. Und es werden sich wohl nur wenige Menschen ein Leben ohne Arbeit leisten können, die dann dennoch ständig über ausreichend finanzielle Mittel verfügen, um sich gemütlich in einem Schaukelstuhl auf einer idyllischen Terrasse am Meer räkeln und einen Drink schlürfen zu können.“ Friederike lächelte. „Und wir können auch nicht alle Millionäre oder Popstars werden, um der langweilig alltäglichen Büroroutine zu entgehen. Unser Alltag ist gespickt mit Banalitäten: wir müssen unsere Socken waschen, unsere Kinder zum Sport bringen, unsere Steuererklärung pünktlich abgeben und in unseren Jobs viele Routineaufgaben erledigen.“ Sie wartete einen Moment, bis sie weitersprach: „Aber wir können all dies bewusst tun, uns voll und ganz für unser Leben entscheiden und endlich Verantwortung für uns und unser Leben übernehmen. Wir können bewusst unsere Entscheidungen treffen. Unsere eigenen Entscheidungen. Wir können endlich beginnen zu leben. Und wenn wir endlich beginnen zu leben, können sich neue Türen öffnen, es werden neue Energien frei.“ Sie lächelte mich nun direkt an: „Wenn du eine Million gewinnen willst, solltest du deine Bedenken beiseitelegen, den Lottoschein ausfüllen und abgeben. Und nicht nur bei der nächsten Ziehung der Lottozahlen auf deinem Sofa sitzen und dich ärgern, dass du wieder mal nichts vom großen Kuchen abbekommst, und das Ganze dann als dummes Glücksspiel abtun, nur damit du nicht über deinen Ärger oder dein Verhalten nachdenken musst.“ Es sollte ein simples, fast banales Beispiel sein und doch versetzte es mir einen Stich. Es blitzte kurz auf.

In mir, in meinem Bauch. Was war los? Ich wollte nie Lotto spielen. Wieso traf mich Friederikes Beispiel? Ein Bild einer Schublade meines Schreibtisches zu Hause blitzte kurz vor meinem inneren Auge auf. Ich wusste, was sich darin befand, klar. Aber warum musste ich jetzt daran denken? Das hatte ich jahrelang nicht getan!
Ich wurde nervös, meine Hände feucht. Ich rutschte unruhig auf meinem Sitz herum. Schnell schob ich das Bild beiseite und winkte dem Kellner zu. Ich brauchte dringend noch etwas zu trinken. Jetzt stand mir der Sinn nach einem kühlen Bier. Für mich waren Friederikes Gedanken voller Widersprüche und Ungereimtheiten: Zum einen sollte ich lebendig sein, zum anderen meine Routineaufgaben und Pflichten erledigen. Zum einen sollte ich Verantwortung für mein Leben übernehmen, zum anderen gestand sie ein, dass es kein Leben ohne Unglück gab. Doch ich hatte mich mit dem Gesprächsthema einverstanden erklärt und fühlte mich, keine Ahnung warum, verpflichtet, die Fahrt bis nach Berlin höflich und mit Anstand hinter mich zu bringen. Vielleicht könnte ich das Thema wieder auf sachlichen Untergrund bekommen oder zumindest auf ein ungefährliches Terrain! Allgemeine Gesellschaftskritiken waren mir immer noch lieber als aufkommende Bilder von Schubladen. Ich könnte am Thema Wettkämpfe und Masken anknüpfen. Schließlich hatte ich bereits erklärt, dass dieses Thema nichts mit mir zu tun hatte und ich keine Wettkämpfe oder endlose Diskussionen über Meinungen führte oder gewinnen wollte. Dann würde Friederike meinen guten Willen sehen, ich würde sie nicht enttäuschen und konnte mich sachlich und elegant aus der Affäre ziehen. Wir hätten beide eine einigermaßen entspannte Fahrt und könnten zufrieden in Berlin den Zug verlassen. Ich atmete tief

durch, räusperte mich und sagte: „Puh, das ist alles recht interessant. Es ist viel auf einmal, finde ich. Ich muss das erst mal verdauen und durchdenken. Vielleicht können wir noch mal über die Wettkämpfe reden, die du am Anfang erwähnt hast. Das habe ich nicht genau verstanden. Ich führe keine. Wie sehen sie aus? Was passiert dabei?“ Ich hoffte, Friederike würde mir auf den sachlichen Pfad folgen, und lehnte mich daher ein wenig entspannter auf meinem Sitz zurück.

„Ich wollte mit dir eigentlich über deine Möglichkeiten sprechen, lebendiger und wacher zu sein. Aber okay, wir können zunächst über die Wettkämpfe sprechen, die wir alle miteinander führen. Schließlich ist das eine der Ursachen unserer Müdigkeit.“

Ich atmete vorsichtig, damit Friederike es nicht mitbekam, erleichtert auf. Passend servierte mir der Kellner genau in dem Moment mein Bier. Jetzt konnte nichts mehr schiefgehen. Ich brauchte nur an den richtigen Stellen zu nicken und ein paar Fragen einzuwerfen, und das Ganze hier würde glimpflich über die Bühne gehen. Ich entspannte mich, und meine Vorfreude auf Zuhause und auf Michael wuchs.

„Sind dir noch nie die Wettkämpfe aufgefallen“, begann Friederike, „die wir alle miteinander tagtäglich führen? Jeder versucht dabei, der Bessere zu sein, die Schlauere, der Coolere, die Gelassenere, der Erfolgreichere, oder auch, je nachdem welches Ziel der einzelne verfolgt, der Traurigere oder diejenige, die das Schicksal besonders hart getroffen hat. Wir versuchen, uns gegenseitig zu überbieten, uns durchzusetzen und zu gewinnen. Die eigenen Überzeugungen und Erfahrungen sind uns so wichtig, als wären sie die einzig gültigen, die ultimative Wahrheit, als wären sie die Wirklichkeit schlechthin. Und dabei ist uns kein Mittel zu schade.“ Ich versuchte, das Bild, das

Friederikes Beschreibung in mir auslöste, mit mir und meinen Erfahrungen in Verbindung zu bringen. Führte ich solche Wettkämpfe? Versuchte ich, mich durchzusetzen, und war mir meine Meinung so wichtig, dass ich sie kämpferisch verteidigte? Kannte ich Leute in meinem Umfeld, die so handelten? Na ja, natürlich gab es den ein oder anderen, der gerne diskutierte und irgendwie immer das letzte Wort haben wollte. Oder der glaubte, zu allem seine Meinung oder seinen Rat geben zu müssen! Meistens versuchte ich, solchen Menschen aus dem Weg zu gehen. Es gab da eine Nachbarin, die stets alles wusste, zumindest glaubte sie das, und belehrend auf jeden, der ihr über den Weg lief, einwirkte. Sie nervte ein bisschen, weil sie sich überall, meist ungefragt, einmischte. Aber eigentlich konnte ich darüber nur lächeln. Sie war halt eine ältere, pensionierte Dame, die als Lehrerin gearbeitet hatte und jetzt viel alleine war. Irgendwie konnte ich mir ihr Verhalten daher erklären. Und klar kannte ich auch ein paar starrköpfige Leute, die nur selten und höchst ungern von ihrer Meinung abwichen. Als in unserer Gemeinde ein neuer Spielplatz gebaut werden sollte, gab es eine Gruppe von Anwohnern, die sich nicht mit dem steigenden Lärmpegel abfinden wollte und bis zum Schluss gegen das Bauvorhaben protestierte. Der Spielplatz wurde dennoch gebaut. Die Leute aus der Gruppe von damals schimpfen heute noch – sogar wenn gerade kein Kind auf dem Spielplatz spielt! Das fand ich immer sehr amüsant! Friederike schien nicht viel von diesen Wettkämpfen zu halten. Das konnte ich durchaus nachvollziehen. Mir waren sie ja auch unangenehm. Andererseits, jetzt, wo ich so darüber nachdachte, fielen mir nach und nach Situationen ein, in denen das Kämpfen für die eigenen Überzeugungen durchaus gut und sinnvoll ist – im Tier- und Umweltschutz zum Beispiel! Oder wenn es um soziale Projekte ging! Ich erzählte Friederike von meinen Einwänden und betonte, dass es sich für manche Überzeugungen durchaus lohnte zu kämpfen. Sie stimmte mir sogar zu, setzte aber nach: „Die Frage ist die nach den Mitteln – auf welchen Wegen setze ich mich für die Umwelt oder die Tiere oder andere Überzeugungen ein? Auf welchen Wegen setze ich mich für meine politischen, sozialen, religiösen Überzeugungen ein? Auf welchen Wegen und mit welchen Mitteln setze ich mich für das Rauchverbot ein, mit welchen Mitteln bringe ich mich in Debatten über das Kopftuchtragen an Schulen oder über vegane Ernährung, Kindererziehung oder die nächste Bundestagswahl ein?“ Sie machte eine kurze Pause. „Wir greifen zu Waffen! Tödliche Waffen, die anders Lebende, anders Denkende, anders Gläubige vernichten oder in ihre Schranken weisen sollen. Aber auch verbale Waffen – vernichtende, beleidigende oder belehrende Urteile oder eher Verurteilungen. Wir beschimpfen den anders Denkenden, entweder lautstark oder mit spitzer Zunge oder indem wir über ihn mit Dritten tratschen, wir degradieren ihn, wir erheben uns über den anderen, wir weisen ihn zurecht. Wir werden respektlos! Nur weil der andere nicht zum gleichen Ergebnis gekommen ist wie wir, weil er die Dinge anders erlebt, interpretiert oder erfahren hat. Und das können wir nicht aushalten.“ Ich erinnerte mich, wie es auf einer Gemeindeversammlung, in der das Bauprojekt des Spielplatzes besprochen werden sollte, hoch herging. Irgendwann bekam man tatsächlich den Eindruck, jeder beschimpfe jeden. Noch heute wird über einige der anwesenden Personen schlecht gesprochen. Wahrscheinlich wissen einige gar nicht mehr, warum. „Wir führen Kriege“, erzählte Friederike weiter, „mit Waffen und mit Worten. International, zwischen Län-

dern, zwischen Religionen, aber auch im Kleinen – in Familien, mit Nachbarn, mit Kollegen, mit Freunden. Jeder von uns ist auf seinem ganz persönlichen Kriegszug."
„Mit Freunden Krieg führen?", platzte ich heraus. Das schien mir unlogisch und ein Widerspruch zu sein. Wenn ich mit jemandem Krieg führe, kann ich ihn ja wohl kaum als Freund bezeichnen. Meine Freunde und ich diskutierten auch manchmal über verschiedene Ansichten oder darüber, was wir beim nächsten Treffen machen wollten. Wir konnten uns auch auf die Nerven gehen. Aber beschimpfen? Beleidigen? Krieg führen? Das schien mir reichlich übertrieben.
„Ja, auch mit unseren Freunden und Familien. Wir versuchen, alle um uns herum für unsere Überzeugungen zu gewinnen und uns im besten Licht darzustellen." Ich schaute Friederike immer noch skeptisch an, also sprach sie weiter: „Wir sind Profis darin, sodass die kriegerischen Mittel nicht immer offensichtlich sind: Beschimpfungen und Beleidigungen mögen ja noch recht leicht erkennbar sein, aber wenn sich der Krieg im Bereich der Manipulation abspielt oder der Heuchelei oder mit Ich-meine-es-doch-gut-Belehrungen einhergeht, ist er schon viel schwieriger zu durchschauen. Oder so kleine Seitenhiebe, die abgefeuert, ironische, zynische oder ach so lustig gemeinte Bemerkungen, die verteilt werden. Und hinterher sagen, man hätte doch nichts gesagt, der andere solle nicht so empfindlich sein. Das ist kein respektvolles Verhalten. Entschuldige bitte, aber ich brauch jetzt auch erst mal ein Bierchen."
Der plötzliche Themenwechsel überraschte mich etwas und ich brauchte ein paar Momente, um zu begreifen, dass Friederikes letzter Satz mehr an den Kellner als an mich gerichtet war. Sie bestellte ihr

Bier und ich mir mein zweites. Allmählich spürte ich den Alkohol. Ich hatte inzwischen einiges getrunken. Ich nahm mir das Versprechen ab, nach dem bestellten Bier während der Zugfahrt nur noch Wasser zu trinken.
„Aber wenn diese Art Krieg nicht leicht zu erkennen ist, woran merke ich ihn dann? Woran merke ich, dass der andere mir nicht tatsächlich einen gut gemeinten Rat mitgeben, sondern mich belehren will oder einfach Recht behalten will?"
„Tja, meistens sind solche Belehrungen gespickt mit Vorwürfen und Tadeln oder Zynismus oder eigener Lobhudelei und erinnern mehr an Moralpredigten oder Wissensvermittlung. Dem anderen geht es nicht um dich und dein Wohlergehen. Es geht ihm darum, seine Sicht der Dinge zu vermitteln oder durchzusetzen, die er für die Wirklichkeit und für die einzige Wahrheit hält." Friederike hielt inne und dachte einen Moment nach, bevor sie weitersprach: „Der andere kann sich damit als besonders moralisch, tugendhaft, belesen, gebildet oder rational präsentieren. Wenn es wirklich um dein Wohl ginge, würde die Belehrung eine Menge Empathie, Güte und Wohlwollen widerspiegeln. Das Fehlen dieser Dinge ist das beste Zeichen dafür, dass es dem anderen nur um das Durchsetzen seiner Ideen geht."

Ich dachte über Friederikes Worte nach und versuchte, mich an eine Situation zu erinnern, in der ich einen derartigen Krieg erlebt hatte. Ich brauchte nicht lange zu überlegen, da kamen mir Bilder von Tante Brigitte in den Sinn. Sie war nicht wirklich meine Tante, sondern die beste Freundin meiner Mutter. Sie bestand aber darauf, dass wir „Tante" zu ihr sagen. Nur den Vornamen zu verwenden, fand sie unpassend und sogar unhöflich. Genau verstanden habe ich das nie. Aus dem Umstand, meine Mutter seit ihrer gemeinsamen Schulzeit zu kennen, zog sie nicht selten den Schluss, sich in diverse Familienangelegenheiten bei uns einmischen zu dürfen und ungefragt ihre Meinung zum Besten zu geben. Als strenger Katholikin, Nichtraucherin sowie Vorsitzende des Kirchenchores ihrer Gemeinde gingen ihr unsere Lebensweisen oft gegen den Strich. Meine Schwester las Bücher über Buddhismus, mein Bruder rauchte und ich lebte seit zwei Jahren unverheiratet mit meinem Freund zusammen. All das hatte schon häufig Anlass zu Diskussionen gegeben. Meine Eltern nervten Tante Brigittes Tadel bei gemeinsamen Essen oder Reisen nicht selten. Doch sie hielten an der Freundschaft fest. Na ja, Tante Brigitte war belesen und weit gereist, sie konnte einiges Witziges erzählen und war trinkfest. Und als Schuhverkäuferin stand sie im wahrsten Sinn mit beiden Füßen fest im Leben, war bodenständig und meiner Mutter gegenüber verhielt sie sich treu und loyal.

Ich erzählte Friederike von Tante Brigitte und dem Krieg, den sie kürzlich gegen meine Schwester geführt hatte. Der ganze Disput artete in einen richtigen Familienkrieg aus, der schließlich alle involvierte.
„Als meine Schwester heiratete, kam es zum Familieneklat. Julia, also meine Schwester, flog mit Sascha, ihrem Verlobten, nach Kenia. Auf einer Safari gaben sie sich das Ja-Wort. Erlebnisurlaub inklusive Hochzeit, Las Vegas mal anders. Sie fanden das romantisch. Meine Schwester neigt nicht selten zu verrückten Ideen. Wirklich überrascht hat uns alle das, als wir es später erfuhren, daher nicht. Sie schrieb uns eine Karte mit Fotos des glücklichen Paars und der Ringe und einer Einladung zur Feier, wenn sie wieder zu Hause wären. Meine Eltern und eigentlich alle waren total entsetzt. Die erste Hochzeit in unserer Fami-

lie und sie waren nicht dabei. Sie fühlten sich verstoßen, glaub ich, und waren sehr enttäuscht. Sie wären gerne dabei gewesen. So etwas hatte es in der gesamten Familiengeschichte noch nicht gegeben. Meine Schwester erklärte mir später, sie wollten niemanden ausschließen, sie wollten diesen Tag, diesen Moment einfach nur für sich haben – ohne Familiendramen, ohne Zwänge, ohne weinende Gesichter oder andere Katastrophen, die auf Hochzeiten so passieren können. Sie wollten sich auf sich konzentrieren können. Sie hatten mit Gegenwind gerechnet, aber das Ausmaß hat sie dann wohl doch überrascht und überfordert. Na, und dann kam Tante Brigittes Einsatz. Sie hatte auch eine Karte der beiden erhalten, rief meine Eltern an und ließ ihrer Empörung freien Lauf. Und dann schrieb sie Julia eine E-Mail mit ihrer Sicht der Dinge. Ich hab die Mail nie gesehen, aber da müssen Dinge drin gestanden haben wie: welcher Affe sie geritten hätte, ob sie was zu verheimlichen hätten, sie hätten allen so weh getan und so was.“ Ich hielt kurz inne und schüttelte den Kopf. Beim Gedanken an diese Zeit stieg wieder Wut in mir hoch. Auf alle – auf Tante Brigitte, auf Julia und Sascha, auf meine Eltern, auf mich. Ich merkte, dass Friederike mich beobachtete und mir konzentriert zuhörte. Gespannt sah sie mich an und wartete, dass ich weitersprach: „Na ja, Julia und Sascha waren wütend. Und schossen zurück.“ Kurz fiel mir die kriegerische Wortwahl auf.

Ich schaute nervös aus dem Fenster und erzählte weiter: „Sascha beging dabei den größten Fauxpas: Er schrieb Brigitte bei seiner Antwort nur mit Vornamen an. Er meinte, sie sei ja schließlich nicht seine Tante und nach diesem Verhalten schon mal gar nicht. Julia schrieb auch was zurück, keine Ahnung. Nett war es sicher nicht. Auf jeden Fall ging das eine Weile so hin

und her. Irgendwann lagen sich alle in den Haaren. Es dauerte, bis sich die Lage wieder entspannte, und lange Zeit herrschte Funkstille zwischen den Fronten.“ Diesmal hatte ich den Kriegsbegriff bewusst gewählt und musste, ein wenig unpassend, lächeln. Ich schaute zu Friederike. Sie sah traurig aus, die Geschichte hatte sie berührt.
„Oh, wow...“, stotterte sie. So wortkarg hatte ich sie während unseres Gesprächs noch nicht erlebt. „Ja, das nenne ich wahrhaftig Krieg. Etwas Schönes wie die Liebe zwischen zwei Menschen und das Füreinanderentscheiden wird mit Waffen der Eitelkeit beschossen. Zerstört?“ Sie schaute mich an. Es dauerte eine Weile, bis ich begriff, dass sie mir eine Frage gestellt hatte.
„Nein, nein, nicht zerstört. Sie sind nach wie vor verheiratet und glücklich, schätz ich. Alles gut!“, betonte ich.
Friederike schaute etwas traurig vor sich hin: „Die Gefühle auf beiden Seiten waren verletzt, die Weltanschauungen und eigenen Geschichten in Frage gestellt. Aber es wurde nicht mit Güte, Wärme und Liebe aufeinander zugegangen. Stattdessen traten die eigenen Überzeugungen an erste Stelle, die eigenen Verletzungen. Und sie wurden als moralischer Zeigefinger missbraucht, der die andere anklagte.“
„Aber, na ja, ist das nicht normal?“, warf ich ein, und Friederike schaute auf. „Ich meine, wenn man verletzt ist, wird man wohl kaum mit Liebe auf den anderen zugehen, oder?“
„Ja, so ist es. Die eigenen Gefühle und Vorstellungen wurden verletzt, und so hat man einen Freifahrtschein, den anderen ebenso zu verletzen. Stolz trifft auf Stolz. Überzeugungen treffen auf Überzeugungen, Verletzungen treffen auf Verletzungen und Erwartungen auf Erwartungen. Und wir sind alle so mit

unseren Überzeugungen, unseren Erwartungen und unseren Gefühlen identifiziert, dass wir anspringen und uns verteidigen. Als gäbe es nur das eine Richtige, als wäre es die eine Wirklichkeit." Sie überlegte eine Weile und schob dann nach: „Letztlich ist ja nichts passiert." Hatte Friederike mir zugehört? Ein Familiendrama hatte stattgefunden, das lässt sich wohl kaum als „nichts passiert" abtun. Friederike sah meinem Blick wohl an, dass ich nicht einverstanden war, und erklärte dann: „Na ja, letztlich sind nur Erwartungen nicht erfüllt worden. Auf beiden Seiten. Das ist doch gar nicht schlimm! Und es rechtfertigt nicht irgendwelche Kriegsführungen. Es heißt doch noch lange nicht, dass das Verhalten falsch oder schlecht war. Es entsprach nur nicht den Erwartungen des anderen. Hätte nur eine der beiden Seiten sich nicht mit ihren Erwartungen identifiziert, hätte nur eine ihre Sicht der Dinge nicht mit der Wirklichkeit verwechselt, sondern gewusst, dass es nur eine Interpretation ist, hätte sie die Kriegsspirale nicht weiterdrehen müssen." Friederike schaute mich lange an, bevor sie weitersprach: „Wir führen Krieg, jeden Tag. Statt dass wir uns über unsere Unterschiede freuen. Deine Schwester hätte Brigitte antworten können: `Hey, mit deiner Antwort habe ich gerechnet! Sie zeigt, wie unterschiedlich wir sind! Und das ist doch gut so, so bleibt das Leben lebendig!´" Zur Verstärkung ihrer Aussage schwang Friederike ihr Bierglas in die Höhe und prostete mir zu.
Sie steckte mich mit ihrer wiederkehrenden Fröhlichkeit an, und ich nahm auch einen großen Schluck aus meinem Glas. Das mulmige Gefühl, das sich immer bei mir einschlich, wenn ich über Hochzeiten sprach, verschwand etwas. Ich mochte Hochzeiten nicht, das Drama meiner Schwester war nur das beste Beispiel dafür. Ich hab Hochzeiten noch nie gemocht. Ich

schob den Gedanken schnell beiseite und konzentrierte mich auf den Bahnhof Nürnberg, in den wir gerade einfuhren. Menschen stiegen aus und ein, es entstand Unruhe. Passagiere drängelten sich an uns vorbei, schoben sich mit ihrem Gepäck mühsam durch den Gang, die meisten mit panischem Blick, keinen Sitzplatz abzukriegen. Und als hätten zwei Zugestiegene meine Gedanken gehört, entfachte ein paar Tische weiter eine lautstarke Diskussion über einen noch freien Platz. Beide Kontrahenten bestanden auf ihrem Recht, als erster am Platz gewesen zu sein und ihn daher für sich in Anspruch nehmen zu dürfen. Es wurde immer lauter, einer versuchte, den anderen zu übertönen.
Friederike schmunzelte mir zu: „Lautstärke ist auch eine probate Waffe im Krieg der Überzeugungen. Je mehr ich den anderen überzeugen will, desto lauter werde ich. Wer brüllt, hat Recht. Das einzige, was ich damit aber tatsächlich erreichen werde, ist, dass sich der andere verteidigen wird. Und los geht der Krieg."
Sie wartete, bis sich die Unruhe im Abteil etwas gelegt hatte, bevor sie weitersprach: „Wenn du dir deiner Meinung sicher bist, brauchst du sie nicht zu verteidigen und auch nicht zu brüllen. Wenn du dir nicht sicher bist, solltest du es nicht tun", schob Friederike nach.
Die Vorstellung brachte mich zum Schmunzeln: „Es wird mir wohl auch niemand freien Herzens zustimmen, den ich gerade angebrüllt habe."
„Oder beleidigt." Friederike grinste: „Ach jetzt, wo Sie blödes Arschloch zu mir gesagt haben, na klar, jetzt stimme ich Ihnen zu!" Wir mussten beide lachen. Eine Zeitlang hingen wir unseren Gedanken nach. Ich durchbrach die Stille wieder: „Und was hat das alles nun damit zu tun, dass ich müde bin und nicht bei mir?", fiel mir der Ausgangspunkt unseres

Gespräches wieder ein: „Wenn ich meine Überzeugungen in die Welt brülle, bin ich doch bei mir, oder nicht?“
„Nein. Wenn du bei dir bist, lebst du deine Überzeugungen. Und du lässt dem anderen die Wahl und die Entscheidung, nach seinen zu leben. Wenn du sie in die Welt brüllst, wie du gerade gesagt hast, bist du außerhalb von dir selbst. Der andere soll auch so denken und so handeln wie du. Dabei geht es dir aber nicht um das Wohl des anderen. Sondern nur um dein Recht, deinen Stolz. Du hast seit Jahren so gedacht und gehandelt, das kann nicht falsch sein. Der andere denkt und handelt anders? Da muss er wohl falsch liegen oder dumm sein oder krank.“ Friederike leerte den Rest in ihrem Glas mit einem Schluck: „Wer bei sich ist, führt diese Art Krieg nicht. Er lebt sich, respektiert die Lebens- und Denkweise des anderen. So ist er frei und hat weitaus weniger Stress. Er muss sich nicht um seine Wirkung sorgen, sondern kann sein. Einfach sein. Und seine Wirkung ist gerade dadurch nicht zu unterschätzen. Er lebt in der Wirklichkeit und hat die Chance auf echtes Erleben, und nicht in der Welt seiner Überzeugungen, seiner Scheinwirklichkeit.“

Das Gespräch mit Friederike hatte nun doch mein Interesse geweckt. Wir Menschen tragen tatsächlich Wettbewerbe und sogar verbale Kriege miteinander aus. Jeden Tag! Sogar mit unseren Freunden und Familien! Wer hat Recht? Wer gewinnt? Wer behält die Oberhand und stellt den anderen in den Schatten? Wer hat die bessere Methode, die klügeren Ideen, die rationalsten Argumente und die moralischsten Tugenden? Wer hat die schickste Wohnung, die wohlerzogensten und schlausten Kinder, den dicksten Terminkalender, die meisten Likes in den Sozialen

Medien? Wahrscheinlich lässt sich so ziemlich alles als Wettbewerb austragen. Mach ich dich klein, fühl ich mich groß; verunsichere ich dich, fühl ich mich stark und sicher! Du hast mich verletzt, also schlag ich zurück. Du handelst anders, als ich es tue oder mir von dir wünsche? Dann muss dein Handeln falsch sein. Du bist nicht auf meine Ideen und Gedanken gekommen? Dann bist du wohl dumm, rücksichtslos oder vielleicht sogar krank. Mit dir stimmt etwas nicht. Mit mir ist natürlich alles in bester Ordnung, schließlich lebe ich ja seit Jahren so. Und wenn dein Handeln mich verunsichert oder enttäuscht, mich und meine Meinung in Frage stellt, dann bist du rücksichtslos, unverschämt, egoistisch und respektlos! Los geht das große Spiel der Eitelkeiten. Dabei entfernen wir uns immer mehr voneinander. Und, wenn ich Friederike richtig verstanden habe, wohl auch von uns selbst.

Wenn ich so darüber nachdachte, war ich auch nicht frei davon und viel öfter, als mir bislang bewusst war, selbst an solchen Spielen beteiligt. Ich hatte mir nie etwas Böses dabei gedacht! Ich wollte den anderen nicht verletzen! Aber letztlich, das musste ich nun zugeben, wollte ich, dass der andere so handelt wie ich. Seine Handlungsweise konnte nicht erfolgreich oder gesund oder sinnvoll sein! Was führte der denn für ein langweiliges Leben? Vielleicht konnte ich einfach seine Entscheidungen nicht verstehen, vielleicht kannte ich nicht alle Details, die ihn zu seiner Entscheidung oder Lebensweise geführt haben, vielleicht ticken Menschen auch schlicht total unterschiedlich, haben unterschiedliche Prioritäten, und das ist einfach gut so?
Jetzt fiel mir auf, wie arrogant diese Haltung war. Eine Kollegin, zum Beispiel, verreiste nie während ihres Urlaubs. Sie sagte, ihr reichten ihr Garten und

ihre Pflegepferde. Und immer wenn ich aus einem Urlaub zurückkam, erzählte ich ihr, wie schön es war, und schlug ihr vor, sie müsse auch unbedingt da mal hin! Wieso konnte ich nicht einfach von mir und meinem Urlaub erzählen und dann die Klappe halten?!
Oder mein Nachbar! Ein älterer Herr, der eine Etage unter mir wohnte. Er saß häufig auf seinem Balkon und sprach von da aus die Menschen an, die vorbeigingen. Und so kamen wir eines Tages auch ins Gespräch. Ich fand ihn ganz witzig, er war mir sympathisch. Doch dann erzählte er, dass er keine Bücher las! Er besaß gar keine! Keine! Er las Zeitungen und Zeitschriften, aber keine Bücher! Da fiel mein Urteil: jemand, der nicht liest, ist ein Banause, ein uninteressanter Mensch. Ich stellte mir ihn in Gedanken nun als langweiligen, ungebildeten, plumpen Menschen vor.

Oder meine Cousine! Sie hatte sich erst letztes Jahr gemeinsam mit ihrem Mann ein großes Haus mit großem Garten gekauft. Klar, wer so mit Geld um sich warf, konnte nur oberflächlich sein, vom Leben verwöhnt und nicht wissend, wie das Leben wirklich funktioniert. Ich hatte sie in ihrem Haus noch nie besucht. Wie traurig, fiel mir jetzt auf. Was bilden wir uns eigentlich ein, wenn wir solche Urteile fällen? Dabei hatte ich Angst, selbst verurteilt zu werden. Für so ziemlich alles in meinem Leben, und wenn es noch so belanglos war, hatte ich hunderte Rechtfertigungen parat – für den Fall, dass jemand mich nicht verstand oder kritisierte oder einfach im falschen Moment mit den Augenbrauen zuckte. Da konnte ich sehr empfindlich sein.

Oder mein Bruder! Der hatte einfach zu viel Zeit in seinem Leben – anders war es mir nicht erklärlich, warum er jedes Spiel der Bundesliga verfolgen konnte und jeden Spieler beim Namen kannte! Dass ich

ebenfalls viel Zeit mit Fernsehen verbrachte und meine Lieblingsserien regelmäßig rauf und runter schaute, war etwas ganz anderes. Die waren ja geistreich und lustig! Jedes Mal, wenn er mir begeistert von einem Abend mit Freunden und gemeinsamem Fußballschauen erzählte, musste ich betonen, dass ich dafür keine Zeit hatte. Wieso freute ich mich nicht einfach mit ihm, dass er eine tolle Zeit mit Freunden erlebt hatte?!
Was springt da immer in uns an?! Wie ungerecht und absurd und selbstgerecht wir oft sind!

Mein Kribbeln im Bauch wurde wieder stärker. Hatte Friederikes Thema doch mehr mit mir und meinem Leben zu tun, als ich bislang angenommen hatte? Na ja, andererseits: diese alltäglichen Situationen waren letztlich so unbedeutend und banal, sie hatten doch wohl nichts mit meinem Glück zu tun oder damit, lebendiger und wacher zu sein? Oder doch? Warum kribbelte es in meinem Bauch? Wieso wurden meine Hände feucht? Eine leise Ahnung stieg in mir auf. Ich versuchte, sie wieder ganz weit nach hinten in mein Unterbewusstsein zu schieben. Verräterisch kribbelte Adrenalin durch meinen Körper. Ich musste ein paar Mal tief einatmen, um mich wieder zu beruhigen und in den Griff zu kriegen.
Was war los mit mir? Es war nicht das erste Mal, dass ich ein interessantes Gespräch über diverse Weltanschauungen führte. Wieso wurde ich jetzt so nervös? Was in mir wurde wach und versuchte, sich bemerkbar zu machen? Schnell lenkte ich meine Aufmerksamkeit auf das Abteil, in dem ich saß, die Gäste am Nachbartisch. Ich zählte die Menschen um mich herum. So richtig half es nicht. Aber das beklemmende Gefühl im Hals nahm etwas ab.
„Ich bestell mir noch ein Bier. Magst Du auch noch

eins?", fragte ich Friederike, um irgendetwas zu tun zu haben, was mir half, mich wieder zu entspannen. Dabei vergaß ich mein Versprechen, nichts Alkoholhaltiges während dieser Fahrt mehr zu trinken. Das leichte Zittern in meiner Stimme konnte ich nicht verbergen. Ich hoffte, Friederike würde nicht nachfragen, was mit mir los sei. Vielleicht konnte ich mit einem anderen Thema etwas ablenken und wieder festeren Boden unter den Füßen gewinnen. Doch Friederike kam mir zuvor. Vielleicht spürte sie mein Unwohlsein. Egal welche Beweggründe sie hatte, sie blieb thematisch auf sachlichem Terrain: „Es gibt noch viele weitere Waffenarten, mit denen wir uns und anderen das Leben schwer machen."

Ich war mir nicht sicher, ob ich wirklich weitere dieser Arten kennenlernen wollte, die mir im ersten Moment fremd und nicht als Teil meiner Welt erschienen, nur um sich dann doch als völlige Normalität in meinem Alltag zu entpuppen. Doch ich fühlte mich zu unsicher, zu verwirrt. Mein Kopf arbeitete im Augenblick nur sehr langsam und sicher nicht kreativ genug, um schnell ein anderes Thema hervorzaubern zu können. Also hörte ich zu und tat so, als hätte das alles sowieso und ganz sicher nichts mit mir zu tun. Für einen Moment gelang mir die Distanz, und ich glaubte mir.

„Wir hängen nicht nur an unseren Überzeugungen und Handlungsweisen und verteidigen sie, sondern auch an unseren Begriffen und deren Bedeutungen. Wir hängen an der Bedeutung, die wir den Begriffen geben. Wir glauben, unsere Begriffe sind die Wirklichkeit."

Mein Gehirn war zu sehr damit beschäftigt, die Distanz zu wahren, sodass es nur in Zeitlupentempo arbeitete. Ich brauchte eine Weile, um ihre Worte aufzunehmen und zu verstehen. Als ich mich wieder

einigermaßen im Griff hatte, war ich lediglich zur simplen Frage in der Lage: „Was meinst du damit?" Ich versuchte, mich zusammenzureißen. Ich gab dem Alkohol die Schuld an meinem Zustand. Wirklich viel hatte ich zwar nicht getrunken, aber ohne große Nahrungsgrundlage. Vielleicht sollte ich mir etwas zu essen bestellen. Doch zunächst konzentrierte ich mich auf Friederikes Stimme.
„Na ja, jedes Wort, das wir gebrauchen, jeder Begriff, den wir benutzen, ist letztlich nur eine Aneinanderreihung von Buchstaben. Aber sie sind alle mit viel Inhalt, vielen Bildern und Assoziationen gefüllt! An diesen Bedeutungen hängen wir und wir glauben an sie. Nimm den Begriff `Zitrone´ – was siehst du?" Unwillkürlich zog ich meinen Mund zusammen und hatte den sauren Geschmack einer Zitrone im Mund und die gelbe Frucht vor Augen. Friederike lächelte und fuhr fort: „Genau! Oder nimm den Begriff `Baum´. Welches Bild hast du vor Augen?" Ich sagte mir still das Wort `Baum´ und dachte an einen großen, dicken Stamm mit einer hübschen, wild wachsenden Baumkrone. Wahrscheinlich das Bild aus einem meiner Kinderbücher. Ich beschrieb es Friederike. „Und was ist mit Früchten? Wachsen Früchte an deinem Baum? Oder hat er Blüten? Welche Farbe hat das Grün der Blätter, welche Form haben sie? Sind es überhaupt Blätter? Oder Nadeln? Wie groß ist der Baum? Wo steht er? Wie alt ist er? Leben Tiere auf dem Baum?" Der Kellner brachte unser Bier.
Wir nahmen beide einen Schluck aus unseren Gläsern, bevor Friederike weitersprach: „Es gibt wohl unendlich viele Bilder zu dem Begriff `Baum´. Er ist interpretierbar, auslegbar, steht und fällt mit der eigenen Geschichte, mit unseren eigenen inneren Bildern und Assoziationen, die wir zu ihm haben. Und da fängt das Problem an. Ein Begriff ist keine feste

Größe. Ein Begriff kann die Wirklichkeit nicht erfassen." Ich fand unsere Wortspielerei ganz unterhaltsam, sie lenkte mich von meinen Gedanken und nervösen Gefühlen ab. Und doch wusste ich nicht recht, worauf Friederike hinauswollte. Wie können solche Begrifflichkeiten zu Kriegen führen? Die inneren Bilder der Menschen, wenn sie Begriffe wie Baum hören oder verwenden, werden sich wohl immer mehr oder weniger unterscheiden. Und doch weiß doch wohl jeder, was gemeint ist? Darüber muss man nun wirklich nicht in kriegerische Diskussionen geraten.
„Ja, ich weiß. Unterschiedliche Assoziationen zu dem Begriff Baum führen wahrscheinlich wirklich nur ganz selten zu Schwierigkeiten." Friederike lächelte, als hätte sie meine Gedanken gehört. „Aber schauen wir uns ein anderes Beispiel an, das zeigt, dass Begriffe immer mehr als bloße Bezeichnungen sind, sondern dass sie unterschiedliche Füllungen mit sich bringen. Und dass dieses Mehr, dass diese Füllungen zu Konflikten führen können." Nun kam ich mir vor wie in der Schule, wo einer besonders begriffsstutzigen Schülerin wie mir mühsam die Regeln beigebracht werden sollten. „Der Begriff \`Weihnachten´ zum Beispiel. Ich liebe Weihnachten! Alles daran: den Duft nach Zimt, Plätzchen und Tanne, die vielen Lichter, all die Dekorationen und die schönen Melodien. Ich genieße es jedes Jahr aufs Neue." Friederike lächelte, während sie sprach.
„Und jedes Jahr lade ich meine Freunde zu einem gemütlichen Adventnachmittag zu mir nach Hause ein. Da gibt es dann selbstgebackenen Stollen, Kakao mit Zimt oder Glühwein, und wir wichteln. Und viele Jahre habe ich mich immer über eine Freundin gewundert, na ja, um ehrlich zu sein, geärgert. Sie war immer da, brachte ihr Wichtelgeschenk mit und trank Kakao und aß Kekse, Lebkuchen und Stollen. So

weit, so gut. Aber ansonsten saß sie nur da, wie unbeteiligt. Sie sprach nur wenig und wirkte ständig leicht genervt und unglücklich. Ich nahm das persönlich. Sie verdarb mir meine Feier, die uns doch auf mein so geliebtes Weihnachtsfest einstimmen sollte. Irgendwann überwand ich meinen Stolz und meine Verständnislosigkeit und fragte nach, was denn los sei. Und es stellte sich heraus, dass sie Weihnachten nicht ausstehen konnte. Sie hasste die Zeremonien und Traditionen, die Lieder nannte sie Gedudel, und all der Süßkram ruinierte ihr jedes Jahr aufs Neue ihre mühsam trainierte Figur. Für sie war die Weihnachtsfeier bei ihrer Familie purer emotionaler Stress, und in ihrem Job, sie arbeitete als Verkäuferin in einem Elektronikmarkt, war die Weihnachtszeit alles andere als besinnlich." Friederike schüttelte leicht den Kopf: „Und da wurde mir klar: sie hatte natürlich nichts gegen meine kleine Adventsfeier, schließlich waren wir befreundet, und sie freute sich, mich und die anderen wiederzusehen. Daher traute sie sich auch nie, der Feier fernzubleiben. Doch ihr Begriff von Weihnachten war vollständig anders gefüllt als meiner. Wenn wir von Weihnachten sprachen, meinten wir zwei völlig verschiedene Dinge. Doch leider gibt es keine zwei Begriffe. Wir müssen uns ein und denselben Begriff für zwei verschiedene Interpretationen teilen. Und so entstand das Missverstehen."

„Okay, das verstehe ich. Aber das ist doch völlig normal! Jeder hat andere Erfahrungen und andere Werte, Dinge, die ihm wichtig sind. Das ist sicher bedauerlich und manchmal auch schwierig, sich nicht auf die Füße zu treten. Aber das ist doch noch lange kein Krieg!" Um so mehr ich mich engagierte, desto mehr ließ das nervöse Zittern nach, und mein Puls beruhigte sich wieder. Friederike nahm einen Schluck von ihrem Bier, schaute mich direkt an, als sie weiter-

sprach: „Es hätte sehr leicht einer werden können, wenn ich weiter auf meiner Interpretation des Begriffs bestanden hätte und mich beleidigt und verständnislos von meiner Freundin distanziert hätte. Oder wenn ich versucht hätte, sie zu meiner Bedeutung des Begriffs zu überreden. Nach dem Motto: ich finde Weihnachten schön, also müssen es alle schön finden. Oder wenn sie auf ihrer Bedeutung bestanden hätte und mit dem Vorbringen diverser Ausreden meiner Feier fern geblieben wäre, ohne ehrlich zu sein. Und so etwas machen wir ständig: Wir beharren auf unserer Bedeutung von den Dingen. Wenn jemand sie nicht teilt, fühlen wir uns entweder dazu verleitet, unsere als die `richtigere´ anzusehen und mit entsprechender Verständnislosigkeit dem anderen zu begegnen. Oder wir fühlen uns verunsichert, sind verwirrt, beleidigt und distanzieren uns daher von dem anderen. Meistens sprechen wir nicht über die wirkliche Ursache unseres Streits. Wir streiten, ohne darüber zu sprechen, was wirklich los ist. Wir entfremden uns, ohne wirklich zu wissen, warum."
Ich ließ mir Friederikes Worte durch den Kopf gehen. Eine Szene aus meiner frühen Jugend kam mir in den Sinn. Wie oft habe ich mit meiner Mutter über meine Kleidung diskutiert oder vielmehr gestritten? Wenn ich meinen Kleiderschrank ausgemistet und die Kleidung in Tüten in den Keller geräumt hatte, kam sie mit mindestens einer dieser Tüten in mein Zimmer und sortierte die Kleidung mit dem Hinweis „Die hattest du doch kaum an. Die ist so neutral, die lässt sich gut kombinieren und du kannst sie noch gut tragen." wieder zurück in meinen Schrank. Hätten wir über unsere Bedeutungen des Begriffs `neutral´ gesprochen, hätten wir uns vielleicht weniger gestritten und andere Begriffe gewählt. Für mich bedeutete `neutral´ langweilig und nichtssagend. Aber für meine

Mutter bedeutete es praktisch, flexibel und langlebig. So lagen wir uns oft stundenlang in den Haaren, bis wir beide weinten, beide tief von der `Ignoranz´ der anderen getroffen. Dabei hatten wir nie wirklich geredet. Über das, was es uns wirklich bedeutete. Beide waren wir zu sehr mit unserer eigenen Wut und unserem eigenen Stolz beschäftigt. Und diskutierten über Nebenschauplätze, dass es keine Gelegenheit zum Tragen der Dinge gäbe und im Schrank keinen Platz. Ich erzählte Friederike von dieser Szene.
„Ja, das ist ein gutes Beispiel, wie wir mit unseren Begriffen um uns werfen, sie nicht in Frage stellen und wie wenig wir einander zuhören. Und im Prinzip ist es uns auch egal, was es der anderen bedeutet. Hauptsache, wir setzen uns durch. Jeder Begriff hat bei jedem von uns eine andere Bedeutung. Und er fällt bei jeder von uns auf einen anderen psychischen Nährboden. Was für den einen ein Lob ist, kann die andere völlig kalt lassen. Was die eine tief kränkt, bringt den anderen zum Schmunzeln. Ich fand es immer schrecklich, wenn man mir Unordentlichkeit vorwarf. Ich hatte das Bild von mir, ordentlich zu sein. Mir war Ordnung wichtig. Doch es fiel mir schwer, sie einzuhalten. Mein Bruder hingegen hat nur müde mit den Achseln gezuckt, warf man ihm Unordentlichkeit vor. Ihm bedeutete es nichts." Friederike schmunzelte bei der Erinnerung. Offensichtlich hatte sie mit diesen Vorwürfen inzwischen ebenfalls ihren Frieden gemacht. Eine Zeit lang schauten wir beide aus dem Fenster der vorbeiziehenden Landschaft zu und hingen unseren Gedanken nach.

„Und inwiefern stehen mir nun diese Streitereien im Weg, lebendiger und wacher zu sein?", fiel mir der Beginn unseres Gespräches wieder ein, auch wenn mir das eine Ewigkeit her erschien. „Ich meine, klar,

sie nerven. Aber sie lassen sich wohl kaum jemals völlig vermeiden."
„Aber es hilft sehr, davon zu wissen. Dann muss ich nämlich nicht mehr diskutieren. Ich muss mich nicht verteidigen, wenn ich mich missverstanden fühle. Ich kann einfach voller Frieden feststellen, dass wir zwar die gleiche Sprache nutzen, aber unsere Assoziationen der Begriffe unterschiedlich sind. Und dann können wir uns endlich wirklich nahekommen und über echt Wichtiges miteinander reden."

Ich war mir immer noch nicht sicher, was genau Friederike damit meinte. Sie sah mir meine Unsicherheit wohl an und schob nach: „Wenn wir Worte hören, assoziieren wir sofort bestimmte Bilder. Jedes Wort ist bereits interpretiert und versorgt uns mit Vorstellungen, Erwartungen, Urteilen und Diagnosen. Da gibt es keine Ausnahmen! Die Aussage „Ich komme aus der Türkei." lässt Bilder in uns hochkommen. „Ich bin Anwalt." oder „arbeitslos" oder „Musiker" wecken Erwartungen. „Ich bin religiös.", „Ich bin lesbisch.", „Ich habe lange blonde Haare.", „Ich gehe in die Oper.", „Meine Eltern sind geschieden.", „Ich bin alleinerziehend.", „Ich bin eine Frau.", „Ich bin ein Mann.", „Wir bekommen ein Kind.": einfach alles ist mit Bildern und Interpretationen versehen. Und nicht selten vergeuden wir unsere Energie darauf, uns mit den Bildern und Interpretationen auseinanderzusetzen, sie zu verteidigen oder gegen sie anzukämpfen. Interpretationen, Bilder, die uns einst unsere Eltern mitgegeben, die uns die Gesellschaft zu bestimmten Begriffen mitliefert und die zu unseren eigenen Bedeutungen vielleicht gar nicht passen."
Allmählich verstand ich. So eine Art Kampf hatte ich auch mal geführt. Ob ich Friederike davon erzählen sollte? Ich sprach nicht gerne darüber. Es weckte

Erinnerungen an traurige Situationen, an Schmerz und Enttäuschung. Irgendwann hatte ich beschlossen, den Begriff aus meinem Leben zu verbannen, indem ich ihn niemandem gegenüber mehr erwähnte. Nur um nicht ständig diskutieren und befürchten zu müssen, in diverse Schubladen gesteckt zu werden. Ich rutschte nervös auf meinem Stuhl hin und her, nahm noch mal einen großen Schluck von meinem Bier, steckte meine nervösen Hände unter meine Beine und schaute aus dem Fenster. Dann holte ich tief Luft und beschloss, Friederike meine Geschichte zu erzählen.
„Ich hab auch so einen Kampf geführt. Meine ganze Kindheit und Jugend durch. Eigentlich ging es wirklich nur um einen Begriff. Wow, ich habe die ganze Welt dafür gehasst, ich war oft so wütend und verzweifelt. Keiner konnte das verstehen.“ Ich merkte, dass ich mich beim bloßen Gedanken daran schon wieder aufregte, und versuchte, mich ein wenig zusammenzureißen. Ich atmete tief durch, schüttelte den Kopf, um wieder klarer denken zu können, und schaute dann Friederike direkt an: „Meine Schwester Julia, die mit der Hochzeit, von der ich vorhin erzählt habe, na ja, also die halt und ich, nun, wir sind“, ich zögerte es, solang es ging, hinaus, hatte Angst vor Friederikes Reaktion, vor ihrem Urteil, „nun, wir sind gleich alt.“ Es war raus. Jetzt kam das Urteil, der wissende Blick von Friederike. Jetzt ging die Schublade auf, ich hinein und würde nie wieder rauskommen. Ich schaute vorsichtig einschätzend in ihr Gesicht. Doch nichts: da war kein „Jetzt-weiß-ich-über-dich-Bescheid“-Blick! Sie blickte einfach weiter interessiert zu mir und wartete auf meine Geschichte. „Na ja, landläufig nennt man das halt `Zwillinge´. Ich hasse dieses Wort so sehr!“ Ich schaute Friederike ironisch lächelnd an: „Also jetzt müssten eigentlich die klassi-

schen Fragen von dir kommen“, belehrte ich sie: „`Ach, ihr seid Zwillinge? Das wusste ich ja gar nicht! Hast du gar nicht erzählt!´ Als ob ich es auf meine Stirn tätowieren müsste.“ Ich tippte mir augenrollend gegen die Stirn. „Und dann müsste auch schon die nächste Frage von dir folgen: `Magst du deine Schwester denn nicht?´ Ahh, wie ich dieses dumme Gerede gehasst habe!“

Friederike lächelte: „Keine Sorge, ich stelle sie dir nicht.“

„Entschuldige, ich gerate da immer etwas in Rage. Ich hab mir einfach so viel Mist anhören müssen in diesem Zusammenhang! Was hat es mit dem Mögen meiner Schwester zu tun? Sie hat sich das schließlich genauso wenig ausgesucht wie ich! Ich mag sie wahrscheinlich genauso sehr oder wenig, wie andere ihre Schwestern mögen, keine Ahnung!“ Ich steigerte mich in meine Wut, aber die machte es mir leichter, davon zu erzählen. Eigentlich fand ich es nämlich tieftraurig. „Aber bei Zwillingen“, ich betonte dieses Wort besonders lang und intensiv, „ist das natürlich etwas anderes. Sie lieben sich innigst, sind ständig zusammen und lieben es, Zwilling zu sein. Und wenn das nicht so ist, mögen sie sich wohl nicht oder es stimmt etwas nicht mit ihnen.“ Wieder verdrehte ich die Augen und trank von meinem Bier, obwohl kaum noch etwas in dem Glas war, hielt mich an ihm fest, um mich wieder in den Griff zu kriegen. „Wenn ich einfach als ich selbst wahrgenommen werden wollte, glich das einer Revolution: dann hasste ich wohl meine Schwester und erntete Kopfschütteln und blöde Sprüche.“ Die Erinnerung daran tat heute noch weh. „Ich wollte doch einfach, dass man mich erkennt! Dass klar ist, dass ich Tanja bin, einfach Tanja.Wieso hatte ich kein Recht auf meine Individualität? Wieso durfte ich nicht einfach Ich sein? Und nicht eine von

denen. Oder der Knaller war, mich mit Tanjaoderjulia anzusprechen, nach dem Motto: ist ja auch egal. Und dabei sahen wir uns noch nicht mal so unbeschreiblich ähnlich“, schob ich nach in dem Bedürfnis, mich zu rechtfertigen. Wofür auch immer. „Ich wollte ich selbst sein. Als ich selbst erkannt werden. Ich hörte doch immer nur, es sei doch, ach, so lustig, verwechselt zu werden, und ob wir nicht auch so lustige Verwechslungsspielchen in der Schule trieben. Und wehe, ich fand es nicht lustig, sondern war beleidigt, dann kassierte ich Ablehnung und sogar Wut. Ehrlich! Meine Klassenkameraden fanden mich blöd, weil ich nicht mitspielte bei ihren Hanni-und-Nanni-Geschichten!“ Ich hielt kurz inne, versank in den Erinnerungen. „Sie machten Julia und mir sogar Vorwürfe, weil wir nicht mitspielten. Und die Erwachsenen, Lehrer oder Nachbarn, machten uns Vorwürfe, weil wir uns ähnlich sahen. `Was fällt euch ein.´ Sie reagierten verständnislos und verärgert, wenn ich individuell behandelt werden, meine eigenen Bewertungen bekommen oder gar mit meinem eigenen Namen angesprochen werden wollte! Was für eine wahnwitzige Idee! `Tja, ihr seht euch einfach so ähnlich´, sagten sie dann achselzuckend, als ob das ihr Fehlverhalten entschuldigen könnte, wenn sie mir die falsche Note gaben, die eigentlich meiner Schwester zugedacht war, oder mich mit falschem Namen ansprachen. Pervers, fand ich. Lustig fanden es die Klassenkameraden, die sich natürlich in ihrem Das-doppelte-Lottchen-Spiel bestätigt sahen. Ich hasste meine Lehrer dafür.“ Um so mehr ich sprach, desto mehr spürte ich den alten Groll wieder in mir hochkommen. „Ich wollte einfach erkannt und behandelt werden, wie alle anderen Kinder auch. Das war alles!
Doch wenn ich das sagte, schauten mich alle an, als hätte ich etwas Unanständiges gesagt.“ Ich machte

eine Pause, ließ die inneren Bilder weiterziehen. „Dabei war es übrigens total egal, wie ich wirklich aussah, und ob meine Schwester und ich uns wirklich, ach, so ähnlich sahen. Es war sozusagen gottgegeben, wir waren schließlich Zwillinge, basta. Egal, wie unterschiedlich wir versuchten, uns zu gestalten; egal, wie unterschiedlich wir waren. Eine der wahnsinnigsten Szenen erlebten wir bei einem Besuch bei unserer Tante. Also dieses Mal unserer richtigen Tante, der Schwester meiner Mutter. Unsere Cousine hatte Geburtstag, und es waren Freunde von ihrer Familie da. Ein befreundetes Ehepaar mit ihrer Tochter. Meine Geschwister und ich stellten uns wie die Orgelpfeifen nebeneinander auf, um `Guten Tag´ zu sagen. Rechts von mir mein Bruder Philipp, links von mir Julia. Der Mann gab meinem Bruder die Hand und sagte: „Guten Tag, Philipp!“, dann streckte er mir die Hand hin und sagte mit zwischen meiner Schwester und mir hin und her wechselndem Blick: „Guten Tag, ähm, na ja, ach, ist ja egal. Ihr seid die Zwillinge“! Ist ja egal! Das hat er gesagt! Ein erwachsener Mann sagt zu einer 14-Jährigen: „Wer du bist, ist ja egal, ihr seid ja Zwillinge!“ Ich war egal. Ich war es nicht wert, erkannt zu werden. Doch ich war 14 und gerade genau wie alle anderen 14-Jährigen auf der Suche nach mir und bestimmt war ich mir nicht egal! Das hat so weh getan.“ Ich konnte es nicht verhindern: aber das offene Reden über diese Szene, über den Schmerz, ließ Wut in mir aufsteigen, und Tränen stiegen mir in die Augen. Ich wischte mir über das Gesicht. Noch heute hasste ich diesen Mann dafür.

„Ich weiß noch, wie ich mich für diese Feier bei meiner Cousine extra schick gemacht hatte. Meine Haare schön hochgesteckt. Aber es reichte nicht. Ich war nur eine von den Zweien. Nur ein bisschen Aufmerksamkeit hätte gereicht. Oder zumindest so etwas wie

Taktgefühl. Ich weiß noch, wie er als Entschuldigung stammelte, wir würden uns ja auch so selten sehen und daher wüsste er nicht, uns auseinanderzuhalten. Ich schaute ihn an und sagte, ich wüsste ja schließlich auch seinen Namen und würde ihn ja genauso selten sehen. Darauf lachte er nur dumm, als hätte ich einen Scherz gemacht."

„Wie ging der Kampf weiter?" Friederike holte mich mit ihrer Frage aus meinen Gedanken zurück. Ich hatte nicht gemerkt, dass ich eine Weile schweigend mein Bierglas angestarrt hatte. Ich schaute zu Friederike, und meine Stimmung hellte sich auf, als ich an den Wendepunkt dachte.

„Eines Tages bekam ich endlich die Bestätigung für etwas, das ich schon lange geahnt hatte: Es lag nicht an mir, meinem Gesicht, wie ich aussah oder wie groß oder klein die Ähnlichkeit zu meiner Schwester war. Es lag an dem Begriff `Zwilling´ und all seinen Klischees, die er mit sich bringt. So konnte ich es damals natürlich noch nicht formulieren." Dennoch lächelte ich bei dem Gedanken daran. Ich erinnerte mich, wie viel Kraft ich aus dieser Szene schöpfte: „Meine Schwester, eine Freundin von ihr und ich waren während der Sommerferien in einem Ferienlager an der Nordsee. Wir lernten dort eine Gruppe Jugendlicher kennen, mit denen wir viel Zeit verbrachten. Wir spielten Tischtennis, alberten herum, na ja, wir hatten einfach viel Spaß zusammen. Und es war völlig klar, dass ich die Tanja war und die Julia die Julia. Keiner stellte Fragen oder gab dumme Sprüche von sich. Ich wunderte mich schon etwas. Innerlich war ich seit frühester Kindheit auf Alarmbereitschaft eingestellt. Doch da kam nichts. Eines Nachmittags dann kamen wir auf das Thema `Geburtstag´ zu sprechen. Eines von den anderen Mädchen hatte während des Ferienlagers Geburtstag. Und so wurde ich gefragt, wie alt ich denn sei. Na ja, ich war 14. Dann wurde Julia gefragt, wie alt sie sei. Und sie stotterte etwas überrascht herum: mit einer eigenen, individuellen Nachfrage hatte sie gar nicht gerechnet. Sie sagte, sie sei auch 14. Plötzliches Schweigen im Raum, verwirrte Blicke der anderen Kinder huschten zwischen meiner Schwester und mir hin und her. Einer der Jungs sagte dann sehr schlau: `Aber, äh, ihr seid doch Schwestern? Also dann seid ihr ja Zwillinge?´" Und ab diesem Zeitpunkt, du kannst mich jetzt für verrückt halten, Friederike, haben sie mich nicht mehr erkannt. Plötzlich waren sie unsicher und fragten, wenn sie mich ansprechen wollten, wer ich denn noch mal sei: die Tanja oder die Julia. Ich sagte, dass ich mich nicht verändert habe in den letzten Minuten, dass ich immer noch die Gleiche sei. Es dauerte Tage, bis sich die Verwirrung wieder legte. Und mir kam eine für mich unglaublich wichtige Erkenntnis: Es lag nicht an mir. Ich hatte tatsächlich mein eigenes Gesicht! Es lag am Wort `Zwilling´! Ab dem Moment, in dem andere erfuhren, dass ich eine Zwillingsschwester habe, ab dem Moment mussten sie überlegen, wer ich bin, denn ich könnte ja die andere sein. Was natürlich Quatsch ist, ich kann nie die andere sein. Doch dieses Problem hatte sich ihnen vorher, ohne den Begriff, nicht gestellt."

„Wow! Das ist wirklich interessant! Und dann hast du beschlossen, den Begriff aus deinem Leben zu verbannen?" Friederike schien begeistert von meiner Geschichte.

„Ja. Es dauerte noch einige Zeit. Fast zwei Jahre. Ich versuchte noch lange, gegen ihn anzukämpfen beziehungsweise gegen die Klischees, die er mit sich brachte. Versuchte, mich zu erklären, den Leuten ihre Vorurteile und Klischees zu nehmen. Doch irgendwann stellte ich fest, dass es mich eine Menge Kraft und

Energie kostet, ja, eine Menge Lebenslust. Für nichts. Denn ich kämpfte gegen Windmühlen. Die Leute lieben ihre Klischees! Also beschloss ich, dass sie ihre Klischees behalten sollten und dass ich nicht mehr gegen sie ankämpfen würde. Ich wollte, nein, ich konnte nicht mehr kämpfen. Sollten sie alle doch ihre Hanni-und-Nanni-Geschichten im Kopf haben, die hüpfenden Kessler-Zwillinge lieben und sich von den Werbe-Figuren zum Medikamentenkauf überreden lassen. Aber nicht mit mir: Ich würde ihnen nicht mehr für ihre Klischees zur Verfügung stehen. Wenn sie nun mal die und die und die Vorstellungen über Zwillinge haben, dann, Herrgottnochmal, sollen sie sie halt haben! Aber dann hat es nichts mit mir zu tun! Wenn Zwillingsein angeblich das und das bedeutet, was aber nicht zu mir passt, dann bin ich es halt nicht! Seitdem spreche ich, wenn es überhaupt noch zu solchen Fragen kommt, nur noch davon, dass Julia und ich gleich alt sind. Das ist schließlich der einzige Fakt! Ich bin kein Zwilling, aber ich habe eine gleichaltrige Schwester." Ich erinnerte mich an die Erleichterung, die ich damals verspürte, endlich nicht mehr kämpfen zu müssen. „Und tatsächlich passierte es ab dem Zeitpunkt immer weniger, dass Julia und ich in einen Topf geworfen worden. Immer mehr Menschen sahen gar nicht mehr in uns die Zwillinge und waren oft erstaunt, wenn sie unser gleiches Geburtsdatum erfuhren. Mein Leben fühlte sich immer weniger inkognito an, ich nahm Gestalt an." Friederike schaute mich lange an, bevor sie antwortete: „Ohne es zu wissen, hast du dich damals als so junger Mensch gegen die Diktatur der Begriffe gestellt. Du hast den Leuten ihren Begriff gelassen. Denn es stimmt, die inneren Bilder anderer Menschen können wir nicht ändern. Beziehungsweise, wenn überhaupt, dann nur zu einem sehr hohen Preis an Energie und Lebenslust. Wir müssen akzeptieren, dass es diese Bilder gibt. Aber wir können uns distanzieren und unseren Umgang damit finden. Ich habe übrigens Zwillinge oft mit Kindern von Prominenten verglichen. Auch sie erhalten Zuschreibungen oftmals nur durch Äußeres, durch Assoziationen und durch die Gier nach Spektakulärem. Auch sie werden nicht richtig oder kaum gesehen. Und müssen nicht selten erst laut und auffällig werden, um überhaupt um ihrer selbst willen wahrgenommen zu werden. Dabei geht es ja nicht bloß um Namen! Ob man dich nun Tanja oder Julia nennt, weil man sich schlicht versprochen hat, das ist es nicht. Es geht um Identität, die man Kindern wie dir nicht zugesteht."

Ich brauchte eine Pause. Mir schwirrte der Kopf. Ich hatte lange nicht mehr so offen über das Thema gesprochen, das mich nach wie vor, ganz offensichtlich, sehr beschäftigte. „Friederike, ich muss mal eben…" Mit dem Kopf deutete ich in Richtung WC. Friederike nickte bloß. Sie verstand. Ich trank mein Glas aus, dann ging ich in den Zugflur, lehnte mich ans Fenster und versuchte ruhig zu atmen. Die Kühle des Fensters an meiner Stirn tat gut. Das gleichmäßige Rattern des Zuges beruhigte mich. Das Gespräch hatte mich tief aufgewühlt. Bis vor wenigen Stunden war mir nicht bewusst gewesen, wie nahe mir das alles ging, wie tief der Stachel saß. Es lag alles inzwischen so viele Jahre zurück und es gab nur noch wenige Berührungspunkte mit dem ganzen Dilemma. Julia und auch ich hatten uns, na ja, letztlich doch wie wahrscheinlich alle Schwestern auf dieser Welt unsere eigenen Leben aufgebaut. Die meisten Menschen in meinem Umfeld wussten nicht, dass ich eine gleichaltrige Schwester habe. Wozu auch? Wie auch? Mit Anfang 30 würde ich mich nun wirklich nicht wie das doppelte Lottchen kleiden oder verhalten. Und als Zwilling fällt man nur dann als Zwilling auf, wenn man auch als solcher auftritt. Meine Freunde kannten meine Geschwister, aber nach dem Alter wurden wir nicht mehr gefragt. Während meines Studiums hatte mich eine Kommilitonin an der Uni gefragt, ob ich die älteste von meinen Geschwistern sei. Ich antwortete ihr wahrheitsgemäß, dass mein Bruder älter war. Mehr sagte ich nicht, sie fragte aber auch nicht weiter und zog wohl ihre eigenen Schlüsse daraus.

Bislang hatte ich geglaubt, dass ich über all den Frust und Schmerz von damals hinweg war, dass es mich nicht mehr tangierte. Es hatte doch so gar nichts mehr mit meinem jetzigen Leben zu tun! Doch Friederike hatte mit ihrem Thema die alten Geschichten in die Gegenwart katapultiert. So harmlos wie das Thema über Begriffe und ihre Interpretationen dahergekommen war, so sehr hatte es mich nun erwischt. Und wieder war es geschehen: Gedanken von Friederike, die mit mir und meinem Leben nichts zu tun zu haben schienen, entpuppten sich als reale Ereignisse mitten in meinem Leben. Die Distanz zwischen mir und unseren Themen dort im Bordrestaurant, die ich mühsam versucht hatte aufzubauen und vor allem aufrechtzuerhalten, löste sich jedes Mal aufs Neue auf. Und jedes Mal sank ich etwas tiefer, wurden meine Knie weicher. Was passierte hier? Ich war doch einfach nur auf einer Zugfahrt nach Berlin, wollte einfach nur nach Hause zu Michael und hatte in Friederike eine freundliche und sympathische Reisebegleitung gefunden.
Worauf hatte ich mich nur eingelassen, als ich unserem Gespräch zugestimmt hatte? Hätte ich doch meinen anfänglichen Zweifeln stärker glauben und nachgeben sollen? Hätte ich doch einfach zurück auf mei-

nen Platz im Abteil gehen sollen? Bei dem Gedanken an eine ruhige Zugfahrt mit mir und meinem Buch alleine wurde mir schlecht. Plötzlich stiegen Tränen in mir auf. Ein Mann, der soeben durch den Gang des Zuges ging, schaute etwas verlegen und leicht besorgt in meine Richtung. Schnell drehte ich mich weg, wühlte in meiner Hosentasche nach einem Taschentuch und tupfte mir damit vorsichtig die Augen ab. Wie lächerlich, diese Tränen! Das konnte doch jetzt nicht wahr sein! Was war denn bloß los mit mir? Hatte mich das Gespräch so weich und durchlässig gemacht? Warum? „Mensch, Tanja", schimpfte ich mit mir selbst, „reiß dich zusammen! Du bist schließlich kein Kind mehr! Stehst hier im Zug und heulst. Du bist Ärztin: morgen vertrauen dir wieder zahlreiche Eltern die Gesundheit ihrer Kinder an!" Der Gedanke an meinen Job, an die Routine im Krankenhaus ließ mich etwas ruhiger werden. Das verletzte Kind in mir konnte sich zurückziehen und der professionellen Kinderärztin wieder das Zepter in die Hand geben. Ich strich mir die Haare hinter die Ohren, tupfte noch einmal vorsichtig mit meinen Fingern über meine Augen, holte tief Luft und beschloss, wieder ins Restaurant zu Friederike zurückzugehen. Bald würden wir Berlin erreichen und dann konnte ich müde in mein Bett fallen und die volle Kiste mit Bildern von Schreibtischschubladen, nahenden unerwünschten Situationen und den ganzen Zwillingskram endlich wieder dahin in mir verstauen, wo sie hingehörte: ins weit abgelegene Areal meines Bewusstseins, das weit genug von meinem Alltag entfernt war, um mich nicht in meinem Leben zu stören. Entschlossen wandte ich mich vom Fenster ab und ging zurück zu meinem Tisch im Restaurant in der Absicht, mir endlich etwas zu essen zu bestellen.

Als ich zurück an unseren Tisch im Bordrestaurant kam, war Friederike gerade über die Speisekarte gebeugt und studierte sie interessiert. Offenbar hatte sie die gleiche Idee. Als ich mich dem Tisch näherte, schaute sie zu mir auf und beobachtete, wie ich mich hinsetzte. Ihr Blick wirkte ernst, aber doch fröhlich und hatte irgendwie auch etwas Tröstendes.„Wie geht es dir?“, wollte sie wissen, als ich mich auf meinem Platz zurechtrutschte.
„Okay, es ist alles okay. Ich musste das alles erst mal sacken lassen. Aber es geht mir gut. Ich hatte so viele Jahre nicht mehr darüber gesprochen. Irgendwie wird mir bei dem Thema mulmig zumute.“ Ich strich eine Haarsträhne aus meinem Gesicht, als ob ich mit dieser Geste auch das Thema endlich wegstreichen konnte. „Und jetzt habe ich großen Hunger. Und ich werde mir etwas zu essen bestellen.“ Friederike lächelte und schob mir die Speisekarte hin. Auch sie hatte sich etwas ausgesucht. Wir winkten nach dem Kellner und gaben ihm unsere Bestellung auf. Ich wählte Königsberger Klopse, Friederike das Hühnerfrikassee. Zwei Klassiker. Ich hatte eigentlich keinen rechten Durst mehr, aber ein Glas Wasser zum Essen bestellte ich mir doch. Außerdem hatte ich dann, wenn nötig, etwas zum Festhalten.

Friederike nahm als Erste den Faden unseres Gesprächs wieder auf: „Ja, Wörter scheinen so harmlos und selbstverständlich zu sein. Und stecken doch so voller Sprengstoff. Sie sind immer mehr als bloße sachliche Bezeichnungen und treffen doch nie die Wirklichkeit. Sie sind ein wichtiges Mittel zur Kommunikation und gleichzeitig verhindern sie sie.“ Sie schaute zu mir herüber: „Weil Wörter festlegen, diagnostizieren und urteilen. Wenn du das Urteil eines Begriffes als positiv und für dich stimmig empfindest,

ist es noch ganz angenehm, mit ihm zu leben. Ich fand zum Beispiel immer toll, dass meine Mutter als Künstlerin angesehen war. Sie war Bildhauerin und modellierte viel mit unterschiedlichen Materialien. Viele ihrer Werke standen in unserem Garten. Das war zwar nur ein Hobby von ihr, aber es reichte, um ihr und uns als Familie die gewisse Narrenfreiheit einer Künstlerfamilie zu geben, die mich als Kind stolz machte. Wir hatten einen alten selbst angemalten Kleinbus. Wenn wir damit durch unsere Nachbarschaft fuhren, sah ich in den Blicken der Leute die Erkenntnis: `Ach ja, die Künstlerfamilie!´ Das fand ich witzig." Sie machte eine Pause, bevor sie weitersprach: „Aber wenn du die Assoziationen zu einem Begriff als negativ oder für dich unpassend empfindest, dann lebst du in einem ständigen Konflikt. Du passt nicht in das Bild, das mit dem Begriff verbunden ist und dessen Erwartungen du jeden Tag in den Augen und den Gesprächen der anderen Menschen begegnest. Mein Bruder fand es zum Beispiel schrecklich, zu einer `Künstlerfamilie´ zu gehören. Ihm war es peinlich. Ich weiß noch, wie oft er sich entschied, lieber alleine mit dem Fahrrad zu fahren, als mit dem Bus von meinen Eltern mitgenommen zu werden. Oder junge Mütter zum Beispiel: sie werden geradezu überflutet mit Interpretationen und filmreifen Bildern. Die immer lächelnde junge Mutter, die natürlich ohne Ringe unter den Augen glücklich strahlend und voller Gesundheit mit ihrem Baby kuschelt. Im Hintergrund sieht man eine top aufgeräumte Designerwohnung. Unabhängig von diesen Bildern zu leben, ist nicht einfach.
Viele große Künstler und Persönlichkeiten leben außerhalb festgelegter Bilder und Zuschreibungen. Und es war und ist ganz sicher ein Kampf für sie, aber sie glaubten an sich. Vielleicht konnten sie einfach auch

nicht anders – nimm Johnny Cash, Freddy Mercury, Coco Chanel, Sophie Scholl, ach, so viele leuchtende Sterne! Ach“, Friederike haute sich sanft gegen ihre Stirn, „und natürlich nicht zu vergessen: Pippi Langstrumpf!“ Friederike lächelte und sprach dann ernst weiter: „Und so war es wohl auch bei dir. Der Begriff `Zwilling´ zieht einen Rattenschwanz an Assoziationen und Erwartungen nach sich, die nicht zu dir passen, die du nicht erfüllen kannst und willst. Daher passt der Begriff nicht zu dir, er betrifft dich und deine Person nicht und doch trägst du ihn wie einen Stempel jeden Tag mit dir herum. Und leidest unter den Folgen und Urteilen.“ Ich hörte Friederike schweigend zu. Ich weiß noch, wie ich mich als Kind und Jugendliche oft ohnmächtig dieser Situation ausgeliefert gefühlt habe. Als ob die anderen Menschen um mich herum mehr über mich zu wissen glaubten, als sie es tatsächlich taten. Als ob sie mehr über mich bestimmen könnten als ich selbst. Das Etikett `Zwilling´ klebte an mir und wurde mehr wahrgenommen als ich selbst. Mehr als die Wirklichkeit hinter dem Etikett.

„Wieso ist den Menschen der Begriff, das Etikett so wichtig? Warum schauen sie nicht hin? Haben sie kein Interesse an der Wirklichkeit?“, fragte ich mehr mich selbst, sprach es laut vor mich hin, ohne Friederike konkret anzusprechen. Doch sie antwortete: „Begriffe sortieren, ordnen zu, sie vereinfachen die Dinge. Wir leben in einem komplexen System, wir haben jeden Tag so viele Entscheidungen zu treffen, meistens sind wir gestresst und überfordert. Wir haben und nehmen uns nicht die Zeit, hinter die Kulissen zu schauen, uns frei zu machen von Definitionen. Vielleicht haben wir auch Angst vor der Desillusionierung, vielleicht ist es auch einfach nur Bequemlichkeit und Gewohnheit. Klischees haben nicht selten etwas

Märchenhaftes, das uns schon als Kind verzaubert und beruhigt hat. Nimm den Leuten ihre Illusion und du nimmst ihnen das Märchenhafte in ihrem Leben. `Zwilling´ ist da ein gutes Beispiel. Die kindlich-naive Vorstellung, man sei nie allein, man hätte immer jemanden zum Reden, beschützt die Menschen. Oder Muttersein. Weinende junge Mütter, die nachts verzweifelt am Bett ihres nicht schlafenden Kindes sitzen oder die unter Wochenbettdepressionen leiden oder die sich einfach nur sehnlichst eine Pause und Zeit für sich wünschen, passen einfach nicht in unseren Traum einer ständig sich aufopfernden liebenden Mutter. Oder schau dir das Bild einer Mutter an, die konsequent immer weiß, was zu tun ist, und die ihr Kind fest im Griff hat und immer das Richtige tut. Diese Bilder geben Schutz und tun gut. Und du kannst den Menschen nicht ihren Schutz nehmen. Das mögen sie nicht." Ich lächelte. Genau solche märchenhaften Illusionen hatte ich mir oft anhören müssen von Leuten, die glaubten, besser zu wissen, wie es war, eine Zwillingsschwester zu haben, ohne je eine gehabt zu haben. Ich war mir nie ganz sicher gewesen, woher sie eigentlich ihr Wissen bezogen. Friederike fuhr fort:

„Wir glauben an unsere Märchen. Sie geben uns ein bisschen heile Welt in einer ansonsten recht chaotischen Umwelt. Sie geben dem schnöden Alltag ein bisschen rosa Glitzer. Sei den Menschen nicht böse. Sie haben Angst und Sehnsucht. Und du hast ihnen den Spiegel vorgehalten, die Rosa-Brille weggenommen. Das war nicht nett von dir. Kein Wunder, dass du nicht sehr beliebt bei ihnen warst." Sie lächelte mir aufmunternd zu. Und ich spürte zum ersten Mal etwas wie Wohlwollen, wenn ich an die für mich schmerzhaften Situationen dachte. Vielleicht konnte ich eines Tages doch verzeihen.

Der Kellner brachte unser Essen. Königsberger Klopse. Ich liebte diesen Klassiker. Ich selbst kochte mir nur selten etwas. Meist aß ich in der Kantine oder nahm mir Brote mit zur Arbeit. Selbst an freien Tagen nahm ich mir selten die Zeit, mich in die Küche zu stellen und etwas zuzubereiten.Häufig griff ich auf Fertigprodukte zurück, schlich mich zur Dönerbude oder bestellte mir etwas beim Italiener. Eigentlich schade. Immerhin war die kleine Küche eigentlich mein Lieblingsort in unserer Wohnung. Die Küche war sehr schmal und lang und schaffte es trotzdem noch, völlig verschnitten zu sein, typisch für Berliner Altbauwohnungen. Es passte eine kleine Küchenzeile hinein, die wir vom Vormieter übernommen hatten. Gegenüber fand eine antik anmutende Anrichte Platz, die ich auf einem Flohmarkt in Wedding ergattert hatte, und am Fenster stand ein kleiner, etwas wackeliger Tisch mit drei Stühlen, auch allesamt auf dem besagten Flohmarkt erbeutet. Besonders stolz war ich jedoch auf meinen, zugegeben alten und bereits leicht abgewetzten, dunkelgrünen Sessel in der hinteren Küchenecke, eingequetscht zwischen Anrichte, Getränkekisten und der Tischgruppe. Ich liebte dieses Ding, auch wenn es dort in meiner Küche völlig fehl am Platz wirkte. Morgens saß ich dort, wenn es die Zeit zuließ, was allerdings eher unregelmäßig der Fall war, und trank meinen Kaffee, abends, wenn ich nicht auf dem Sofa einschlief, meinen Tee. Keines der Möbel passte zueinander. Aber genau dafür liebte ich unsere Küche. Oft frequentiert war allerdings einzig die Kaffeemaschine, nein, der Kaffeevollautomat, den mir Michael, wohl nicht zuletzt aus Eigeninteresse, da ihm meine alte, hustende und schnaufende Maschine immer zu langsam gewesen war, zu unserem letzten Jahrestag geschenkt hatte. Ein Knopfdruck am Morgen und die Maschine nahm

ihre Arbeit auf, und schon wenige Augenblicke später konnte man bereits eine dampfende Tasse Kaffee in den Händen halten. Praktisch. Nur sehr lecker fand ich ihn nicht. Aber er tat seine Wirkung, das war die Hauptsache. Außerdem war die Maschine von Michael, und ich wollte, dass er sich in unserer Wohnung ebenfalls wohl und zuhause fühlte, also sagte ich nichts. Schlimm genug, dass mein Fernseher und mein Bett minimalistisch gegen seine ausfielen und er daher in der Anfangszeit unserer Beziehung immer darauf bestanden hatte, dass wir uns bei ihm trafen. Nur unter Murren und in Ausnahmefällen hatte er sich zu mir auf den Weg gemacht, meist wenn er meinen Computer nutzen wollte, da dieser im Gegensatz zu seinem einen funktionierenden WLAN-Anschluss hatte. Sicher, diese Diskussionen gab es nicht mehr, seitdem wir in eine gemeinsame Wohnung gezogen waren.
So sehr ich mich normalerweise über Königsberger Klopse, die vor mir standen, freute, so wenig konnte ich sie heute mit Appetit genießen. Ich stocherte etwas lieblos darin herum und schob mir nur eine Gabel mit etwas mehliger Kartoffel in den Mund. Ich war zu aufgewühlt. Etwas in mir war in Unruhe geraten. Ich verstand es nicht. Das Schlucken fiel mir schwer, immer wieder griff ich nach meinem Glas Wasser und spülte meinen Mund damit aus. Meine Ohren dröhnten. Oder war es das Rattern des Zuges, das mir heute so besonders laut und aufdringlich erschien? Ich schaute zu Friederike hinüber. Sie schien ganz versunken und mich und ihre Umgebung nicht mehr wahrzunehmen. Ich fragte mich kurz, wo sie mit ihren Gedanken war. Hing sie unserem Gespräch nach? Machte sie sich Gedanken über ihre eigenen Kriege, die sie führte, oder Begriffe, die sie nutzte? Ich fragte mich, ob das Gespräch so verlief, wie sie es

sich vorgestellt hatte. Hatte sie sich überhaupt etwas vorgestellt? Sie wollte mit mir über meine Müdigkeit sprechen, darüber, wie ich wacher und mehr bei mir selbst sein könnte. So hatte ich sie verstanden. Hatten wir darüber überhaupt schon gesprochen? Ich war mir nicht sicher. Irgendwie war unser Gespräch auf andere Bahnen geraten. Ich hatte von mir ablenken und mich sicher fühlen wollen und war um so stärker getroffen worden. Dennoch, ich konnte es nicht leugnen, unser Gespräch fesselte mich. Oder war es mehr die Person, die mir gegenüber saß, die mich faszinierte? Ich fühlte mich ihr auf seltsame Weise verbunden. Ich hätte aufstehen und weggehen können. Irgendein Teil in mir wusste das. Und doch blieb ich sitzen und schien darauf zu warten, wie es weiterging.

Ich ließ meinen Blick durch das Zugabteil wandern. So viele Menschen, so viele Urteile, so viele Kriege. Mein Blick blieb an unserem Nachbartisch haften. Zwei junge Frauen saßen dort und blätterten in Zeitschriften. Weitere lagen verstreut auf dem Tisch. Meine Aufmerksamkeit wurde von einer Zeitschrift angezogen, auf der groß der Titel „Marriage" prangte. Auch das noch. Darunter strahlte eine junge Braut in die Kamera. Ganz in weiß, die Haare hochgesteckt, sie schien sich zu drehen und rücklings in die Kamera zu schauen. Das war wohl der Gipfel alles Märchenhaften: Hochzeiten. Mich schauderte. Ich spürte einen Stich in meinem Bauch und konnte den Klumpen meines Essens im Mund nicht schlucken. Ich spuckte ihn vorsichtig, damit es nicht auffiel, in eine Serviette.
Nach einer Weile wandte Friederike ihren Blick wieder mir zu und setzte an unserem Gespräch an, als hätte es keine Unterbrechung gegeben: „Es gibt anerkannte Bilder in unserer Gesellschaft, die grundsätz-

lich negativ oder positiv sind. Hochzeiten sind immer positiv, Fernbeziehungen hingegen immer negativ. Mein Mann und ich leben in unterschiedlichen Städten, ich in München, er in Regensburg. Ehrlich gesagt, hat mich das nie gestört, wir freuen uns aufeinander. Es bringt wohl so viele organisatorische Nachteile mit sich, wie es Vorteile bringt. Doch die Leute schauen mich immer ganz mitleidig an, wenn ich davon spreche. Völlig egal, wie ich mich damit fühle." Friederike erzählte, dass sie beruflich viel in München zu tun gehabt hatte und ihr irgendwann die viele Fahrerei zu umständlich wurde. Also nahm sie sich dort eine Wohnung. Ihr Geschäft wuchs, und sie wurde immer mehr in München gebraucht, ihre Aufenthalte dort wurden länger. Mittlerweile sei sie mehr dort als in Regensburg. „Alle Begriffe, alle Bilder, die wir von etwas haben, sind wie Brillen. Wir haben alle Brillen auf, durch die wir die Welt und uns sehen. Wie Filter, die uns Bestimmtes wahrnehmen lassen und anderes nicht. Der Begriff `Zwilling´ sorgte dafür, dass Bestimmtes in euren Gesichtern ausgeblendet wurde, anderes hervortrat. Wir sehen nicht die ganze Wirklichkeit, die Wahrheit schon mal gar nicht." Ich sah für einen Augenblick eine Leinwand vor mir, auf die ein Maler in weißer Latzhose und gestreiftem T-Shirt, auf einer kleinen Leiter balancierend, wild Farbkleckse verteilte. Irgendwo dahinter musste die ungefärbte Wirklichkeit sein.

„Das Problem an diesen Filtern ist", fuhr Friederike fort, „sie halten uns von unseren Möglichkeiten fern, von unserem Potenzial, unseren Chancen. Bevor wir sie sehen, werden sie von unseren Filtern ausgeblendet und verfärbt. Bevor wir uns auf die Dinge wirklich einlassen können, hat unser Kopf das Urteil bereits gefällt. Und wir sind so daran gewöhnt, dass wir diesen Vorgang nicht bemerken. Wir halten das, was

wir wahrnehmen, für echt, für unumstößlich. Letztlich ist es immer nur eine mögliche Sichtweise, eine Interpretation der Dinge. Es sind unsere Filter, unsere Urteile, die unsere Wirklichkeit bauen. Unser Denken wirft sich zwischen uns und unsere Möglichkeiten und die Wirklichkeit.
Beobachte mal, wie Menschen über das letztlich belanglose Wetter sprechen. Sonne ist grundsätzlich gut, Regenwetter blöd. Mit diesem Urteil verpasse ich die Chance zu erleben, wie herrlich es sein kann, durch Regenwetter zu laufen, durchnässt zu werden und mich zu Hause nach einer warmen Dusche bei einer Tasse heißem Kakao wieder aufzuwärmen!"
„Aber unsere Filter schützen uns auch vor möglichen Fehlern!", warf ich ein.
„Das kommt darauf an, was du unter Fehlern verstehst. Letztlich ist es eine Schwäche der Filter. Denn es hindert uns am Wachsen und daran, Verantwortung für uns und unser Tun zu übernehmen. Wir probieren es nicht, denn das Urteil ist ja bereits gefällt."
Ich überlegte, was Friederike damit meinen könnte, und kramte in meinem Kopf nach einem konkreten Beispiel.
„Wir verharren zum Beispiel lieber alleine in unserer Wohnung, weil wir davon überzeugt sind, die Nachbarn könnten eh nichts mit uns anfangen?"
„Ja, zum Beispiel! Wenn ich davon überzeugt bin, dass mein Nachbar geschwätzig oder eingebildet oder distanziert ist oder mich für zu alt oder zu jung oder zu fremd hält, werde ich den Kontakt mit ihm wohl weiter meiden. Mein eigenes Urteil steht mir im Weg, eine neue, eine andere Erfahrung zu machen. Und selbst wenn sich der Nachbar vielleicht tatsächlich als Unsympath herausstellt, so fußt dieser Eindruck dann wenigstens auf unmittelbarer Erfahrung und nicht nur auf meiner Phantasie." Ich musste an meinen

Mitschüler Erwin denken. Als er neu zu uns in die Klasse kam, machten wir uns alle über ihn lustig: Erwin. Wer hieß heutzutage noch so? Ich fand ihn damals eigentlich ganz süß: er hatte schöne braune Haare und außerdem immer leckere Pausensnacks dabei. Aber ich habe mich nie getraut, ihn wirklich einmal anzusprechen, Kontakt mit ihm aufzunehmen. Ich hatte Angst, die anderen aus der Klasse könnten dann auch mich verspotten und sein Erwin-Image könnte auf mich übergehen. Überprüft habe ich diese These allerdings nie.
Ob ich mit meinem Namen auch Assoziationen weckte? Tanja... klingt nach nichts Bestimmtem, fand ich. Vielleicht kannte jemand eine ganz schreckliche oder eine besonders sympathische Tanja, traf dann mich und war irritiert oder enttäuscht. Der Vergleich zu einer schrecklichen Tanja würde mir automatisch schmeicheln. Vorausgesetzt, dem Betrachter war ich sympathischer...
Der Kellner kam an unseren Tisch und riss mich aus meinen Gedanken. Friederike bestellte noch ein Glas Wein und eine Flasche Wasser. Ich nahm auch noch eins. Die Fahrt war noch lang, wir waren noch nicht mal an Halle (Saale) vorbei. Zur Sicherheit fragte ich den Kellner, ob wir eine Portion Nüsse oder Salzstangen haben könnten. Weiter eine solide Grundlage zu schaffen, beruhigte mein Gewissen.
„Auch Vergleiche können Filter sein, richtig? Sie beeinflussen unsere Urteile.“, sagte ich mehr zu mir selbst, aber Friederike wandte ihren Blick vom Fenster ab und schaute mich an.
„Vergleiche? Ja, ein Vergleich kann alles verändern. Du bist glücklich mit deiner neuen Jacke, jemand anderes geht mit seinem schicken, neuen Mantel an dir vorbei. Dein Gehirn startet einen Vergleich und aus: deine neue Jacke, in der du dich wenige Momente zu-

vor noch so wohl gefühlt hast, erscheint dir trist und langweilig."

„Warum ist das so? Wie kommt es zu diesen Urteilen? Und warum merken wir sie nicht? Was passiert da in unseren Köpfen? Ich dachte immer, wenn ich erwachsen bin und Entscheidungen treffe, dann kann ich mich darauf verlassen, dann gibt es nichts mehr, das stärker ist oder das mich manipuliert. Irgendwie dachte ich, dann sei ich frei." Ich lächelte unsicher.

„Aber so scheint es nicht zu sein, oder?" Ich war mir allerdings nicht sicher, ob ich es wirklich wissen wollte. Es rumorte in meinem Bauch. Vielleicht hätte ich auf die Warnung hören sollen. „Reiß dich zusammen, Tanja!", ermahnte ich mich. „Einfach ruhig und sachlich bleiben, das kannst du!"

„Dazu muss ich etwas ausholen", antwortete Friederike, „aber wir kommen allmählich zum Kern unserer Situation. Stell dir unsere Gedanken im Kopf wie Kugeln vor, die durch eine Kugelbahn rollen. Unsere Gedanken nehmen die immer gleichen Bahnen in unseren Köpfen. Diese Bahnen werden mit der Zeit immer glatter, wie ausgetretene Trampelpfade, ohne Stolpersteine oder Unkraut. Unsere Wahrnehmungen, Eindrücke, alle Situationen, in denen wir uns befinden, und Personen, denen wir begegnen, kullern wie Kugeln automatisch diese fertigen Bahnen entlang. Diese Wege kosten keine Mühe. Ich muss sie nicht jedes Mal erst sortieren oder frei machen und mich nicht mit Nachdenken aufhalten. Und die rollenden Kugeln lösen die immer gleichen Empfindungen und Handlungen aus. Umso tiefer und ausgelatschter die Bahnen sind, desto schneller findet die Kugel ihren vertrauten Weg. Und desto schwieriger ist es, neue Bahnen zu finden und zu betreten. Die alten, benutzten Bahnen vereinfachen uns den Alltag, wir müssen nicht ständig über alles neu nachdenken."

„Das ist doch gut!“, ich atmete erleichtert auf.
„Ja, so weit, so gut. Doch es macht uns unflexibel, und wir reagieren wie genormt und selten spontan. Wir folgen treu unseren vertrauten Verhaltensmustern.“ Friederike nippte an ihrem Glas, sie sah nachdenklich aus, als suche sie nach den richtigen Worten.
„In einem Kinderzimmer sind solche Kugelbahnen wunderbare Ereignisse! Hast du schon einmal selbst eine Kugelbahn gebaut?“, fragte Friederike mehr rhetorisch in den Raum hinein, ich schüttelte dennoch den Kopf. „Es macht ungeheuren Spaß zu sehen, wie die Kugel ihren Weg nimmt, den man ihr vorher gebaut hat! An manchen Stellen kann man sogar kleine Hindernisse und Special Effects einbauen – Klingeln zum Beispiel oder Holztreppen. Ist schon schön!“ Friederike grinste wie ein Kind, das begeistert von seinem letzten Kindergeburtstag erzählt. Und ich fragte mich, ob sie vielleicht tatsächlich eine solche Kugelbahn zu Hause hatte.
„Aber in unseren Köpfen können sie recht unheimlich sein und uns ganz schön ausser Gefecht setzen“, fuhr sie fort. „Das Problem ist nämlich, dass wir die meisten der Wege für die Kugeln in unserem Kopf nicht selbst gebaut haben, oft nicht mal wissen, woher sie kommen, geschweige denn, wohin sie führen.“
Es war mir nicht ganz klar, was Friederike mir mit diesem Gleichnis sagen wollte. Ich schaute wohl entsprechend fragend, denn sie schob eine Erklärung nach:
„Alles, was uns umgibt, was wir sehen und erleben, jede Situation, jede Person, ja, jeder Satz und jedes Wort ist wie eine Kugel, die in unseren Kopf fällt und dort ihre Bahnen nimmt. Und die Bahnen sind all unsere Gewohnheiten und unsere Urteile. Je häufiger wir einen Gedanken denken, einer Gewohnheit nachgehen oder ein Urteil fällen, desto abgenutzter und

glatter wird die Bahn, und die Kugel kann einfacher rollen. Das macht Urteile und Gewohnheiten so angenehm. Sie strengen nicht an, leisten keinen Widerstand. Leider macht es sie auch sehr hartnäckig…“
„Na, und praktisch!“, fiel ich Friederike ins Wort. „Morgens zum Beispiel. Meistens bin ich nach dem Aufstehen noch so im Schlafmodus, dass ich froh bin, nicht groß nachdenken zu müssen. Ich handle ganz automatisch, gehe zur Kaffeema…, äh, zum Kaffeeautomaten, weiß, welche Knöpfe ich drücken muss, gehe wie in Trance ins Badezimmer und so weiter. Da bin ich froh, dass die Kugeln einfach ihre Bahnen rollen.“ Ich lächelte, kindlich stolz, den Vergleich verstanden zu haben.
„So ist es! Dafür sind sie da. Sie nehmen uns die alltäglichen Routine-Entscheidungen ab, die uns wertvolle Energie rauben würden.“ Friederike hielt inne und dachte nach, bedachte sorgfältig ihre Wortwahl: „Fremde Kugeln haben es daher erst mal schwer. Dinge, die wir zum ersten Mal sehen, Menschen, die wir neu kennenlernen, oder neue Situationen können uns leicht überfordern oder verschrecken. Entweder siegt unsere Neugierde und wir bauen der neuen Kugel eine eigene Bahn. Oder unsere Ängste, alte Denkgewohnheiten und Bequemlichkeit siegen und sie plumpst in bereits vorhandene, mehr oder weniger passende Bahnen. Allerdings nicht, ohne dabei auf ihrem Weg Dinge umzustoßen oder aufzuwühlen, bis wir sie endlich unter Kontrolle haben.“
„Wie entscheiden wir das?“
Friederike schaute mich überrascht an, mit der Frage hatte sie wohl nicht gerechnet.
„Ich meine, wie entscheiden wir, welche Bahn wir der Kugel zuweisen? Das machen wir doch nicht bewusst, oder? Also mir begegnet ein fremder Mensch, und ich überlege, wohin ich ihn rolle, also welches Urteil ich

über ihn fällen, wie ich mit ihm umgehen soll?"
„Nein, das stimmt, es geschieht selten bewusst. Ganz unbewusst weist unser innerer Platzanweiser der neuen Kugel ihre Bahn zu. Möglichst, bevor sie zu viel Unruhe stiften kann. Meistens gelingt das in Bruchteilen einer Sekunde. Wir sind Profis. Im Volksmund wird dieser Vorgang auch gerne `der erste Eindruck´ genannt."
„Der erste Eindruck entscheidet…", ergänzte ich.
„Genau. Da entscheidet es sich, wohin die Kugel gelenkt wird. Natürlich können wir auch innehalten, reflektieren und unsere Entscheidung abwägen und bewusst fällen. Auch das können wir lernen. Dazu bedarf es allerdings sehr viel Übung, Wohlwollen und Achtsamkeit."
„Du sagtest vorhin, dass wir die meisten Bahnen nicht selbst gebaut haben", erinnerte ich mich. „Aber wer dann? Wie oder wodurch entstehen sie?" Ich war mir nicht sicher, ob ich die Antwort wirklich wissen wollte. Natürlich war mir bewusst, dass wir alle mit diversen Prägungen herumliefen, mit vorgefertigten Bildern, die wir aus der Kindheit, von unseren Eltern, in der Schule oder sonstwoher, vielleicht auch aus dem Fernseher aufgeschnappt und mitgenommen haben. Mehr oder weniger bewusst und freiwillig. Doch für mich war das alles weit weg: irgendwo hinter mir, in der Vergangenheit, die ich doch hinter mir gelassen hatte. Ich hielt mich, zumindest bislang, für einen sehr erwachsenen, bewusst denkenden und moralisch handelnden Menschen, der seine Entscheidungen eigenständig und bewusst traf und sich frei und unabhängig für das Leben entschieden hatte, das er führte. Alles andere, alles, was mir einzureden versuchte, ich würde marionettengleich unbewussten Bahnen folgen, Prägungen und Emotionen ausgeliefert sein oder Vorurteilen unterliegen, ließ nicht nur ein mulmiges

Gefühl in mir hochkommen, sondern ich hielt es auch für Hokuspokus, für Esoterik oder bestenfalls noch für einen Fall für meine Kollegen, die Psychiater. Es war jedoch nichts, mit dem ich mich in meinem Leben auseinandergesetzt hatte oder gar auseinandersetzen wollte. Zeitverschwendung. Ein Hobby für Leute, die offensichtlich mit ihrer Zeit nichts anderes anzufangen wussten. Ich konnte es mir nicht leisten, in der Vergangenheit zu wühlen. Mich forderte die Gegenwart schon genug. Und die Zukunft. Ich schluckte. Mein Magen rumorte, und das Dröhnen in den Ohren wurde wieder stärker. Ich strich mir die Haare hinter die Ohren, wischte mir kurz über die Stirn und ermahnte mich, mich zusammenzureißen. Ich war Ärztin, nicht Patientin meiner erwähnten Kollegen. Basta.

„Na ja, es stimmt nicht so ganz", platzte Friederike in meine Überlegungen hinein. „In gewisser Weise waren wir mal die Erbauer unserer inneren Bahnen und sind es noch. Wir entscheiden uns täglich aufs Neue für sie, auch indem wir uns gegen ein bewusstes Infragestellen entscheiden. Wir sind viel weniger Opfer als Hinweise auf Prägungen oder Kindheitserlebnisse uns vielleicht glauben lassen wollen. So einfach können wir uns nicht hinter unseren Vorurteilen und Emotionen verstecken und uns aus der Verantwortung stehlen." Friederike lehnte sich zurück und nahm eine bequemere Haltung ein. „Aber da gibt es noch etwas, das unsere Bahnen aufrechterhält. Eine Art innerer Motor, ein Antrieb, der uns stets in die gleiche Richtung treibt. Das sind unsere Glaubenssätze! Besonders feste Überzeugungen. Dogmen, Richtlinien, wenn du so willst. Sie sind sehr mächtig."

„Wir sind also alle eine Art Prinzipienreiter?", fragte ich irritiert.

„So würde ich es nicht ausdrücken. Wir folgen unse-

ren Glaubenssätzen in den seltensten Fällen bewusst und willentlich. Stell dir vor, unsere Glaubenssätze sind ein D-Zug, an den eine Taube gebunden ist. Der D-Zug will in die eine, die Taube zieht in die andere Richtung. Wer gewinnt?"
„Na, der D-Zug natürlich!"
„Genau. Du sagst es. Die Taube ist unser Wille."
„Ach, so ein Unsinn!", rutschte es mir heftiger heraus, als ich es gewollte hatte, während ich gleichzeitig wild mit den Armen gestikulierte. Da war er, der Wille, die kleine, schwache Taube. Ich biss mir auf die Unterlippe, um mich zu beruhigen und wieder in den Griff zu kriegen.
„Entschuldige, aber ich, ich meine", versuchte ich zurückzurudern und hielt meine Arme unter Kontrolle, indem ich mich an der Tischplatte festhielt, „na ja, du hast selbst gesagt, dass wir nicht nur Opfer sind. Unser Wille ist doch nicht so schwach! Wenn mein Wille so schwach wäre, hätte ich doch niemals ein Studium durchgezogen oder würde jemals meine Wohnung aufräumen und putzen – na ja, weil: Spaß macht das nun wirklich nicht. Und ich denke, ich…" Ich musste Luft holen. Ich hatte mich in Rage geredet, und es war mir sehr unangenehm. Mich so aufzuregen! Wie dumm! Ich seufzte, zuckte mit den Schultern und nahm betont gelassen mein Glas in die Hand, um ein paar Schlucke zu trinken. Das beruhigte. So eine Aufregung! Wofür? Worüber? Warum hatte ich mich so aufgeregt? War ich verärgert? Ja, ich spürte Ärger in mir. Und noch etwas anderes, das ich aber nicht greifen konnte. Es fühlte sich ein bisschen wie Angst an, aber das konnte ja nicht sein. Warum sollte ich jetzt Angst empfinden? Wovor? Friederike hatte mich bestimmt nicht angreifen wollen oder meinen Willen in Frage gestellt. Selbst wenn: Warum regte ich mich darüber so auf?

Friederike schaute mich mit einem für mich unergründlichen Blick an. Ich konnte nicht ausmachen, ob sie verärgert, belustigt oder einfach überrascht war über meine Reaktion. „Tja, die Frage ist, wer oder, sagen wir, was dir noch dabei geholfen hat, deinStudium durchzuziehen, oder dich motiviert, deine Wohnung zu putzen. Glaubenssätze sind ein mächtiger Motivator. Aber lassen wir das erst einmal, ich sehe, du bist verärgert. Lass uns eine Pause machen und…"
„Nein, ist schon gut", fiel ich ihr etwas barsch ins Wort. „Keine Ahnung, was grad los war. Entschuldige, ich… Ach, vergiss es." Ich nahm noch einen Schluck aus meinem Glas. „Erzähl mir mehr über die Glaubenssätze. Was sind das für Sätze? Woher kommen sie?" Ich holte die sachliche Ärztin in mir heraus, die versuchen konnte, die Dinge zu ordnen und zu verstehen. Die das flaue Gefühl im Magen ignorieren, das Dröhnen in den Ohren überhören und die zunehmenden Schwierigkeiten beim Schlucken mit einer kleinen Geste – ich strich mir kurz mit der Hand über den Hals – abtun konnte. Schade, dass ich meinen weißen Kittel nicht dabei hatte. Er sorgte für Distanz, beschützte mich, gab mir Sicherheit. In Gedanken zog ich ihn an. So konnte mir nichts passieren, und ich hoffte, mich jetzt beherrschen zu können.
Friederike zögerte noch, als wolle sie keinen weiteren Ausbruch von mir provozieren. Sie schaute aus dem Fenster und nahm sich Zeit, bis sie antwortete. Sie wollte nichts überstürzen. Offenbar machte ich einen überforderten Eindruck. Ich bemühte mich noch mehr um eine aufrechte Haltung. Konnte man mir meine innere Aufruhr so sehr ansehen? Das konnte eigentlich nicht sein. Ich hatte gelernt, mich zu beherrschen. Im Dienst war das unumgänglich. Aber es blieb mir nichts anderes übrig, als zu warten. Ich

wollte Friederike nicht drängen. Das hätte meinen unruhigen Zustand nur noch mehr verraten.
„Es ist ein emotional schwieriges Thema“, begann Friederike nach einer gefühlten Ewigkeit, „weil es mit unserem innersten Wesen, unserem oft längst als verloren oder überwunden geglaubten Schatten zu tun hat.“ Sie blickte zu mir, als müsste sie die Lage sondieren, überprüfen, ob sie mir mehr zumuten konnte. Offenbar entschied sie sich dafür, denn sie fuhr fort: „Aber letztlich ist es alles andere als Hokuspokus oder undurchdringliche Wissenschaft. Es ist sogar recht einfach. Die meisten unserer Glaubenssätze entstehen in unserer frühen Kindheit bis in die Jugend hinein. Es sind Sätze, die eine Art Übersetzungshilfe darstellen. Als Kind verstehen wir die Dinge, die um uns und mit uns geschehen, oft nicht. Und doch versuchen wir, mit unserer Umwelt zurechtzukommen, zu interagieren. Das müssen wir, um zu überleben. Denn wir sind auf unser Umfeld, insbesondere auf unsere Eltern angewiesen. Und so interpretieren wir die Welt auf unsere ganz eigene Weise: Ist unsere Mutter immer sehr traurig, beziehen wir das auf uns und denken, wir genügen nicht, um sie froh zu stimmen. Entsprechend verhalten wir uns. Vielleicht ziehen wir uns zurück in der Überzeugung, eh nicht zu genügen, oder wir werden zum aufgedrehten Clown, davon überzeugt, immer noch mehr bieten zu müssen. Verstehst du? Das sind nur Beispiele. Letztlich ist das aber alles.“
Ich war etwas irritiert, es klang wirklich überschaubar einfach. „Und wie würde in deinem Beispiel der Glaubenssatz heißen?“
„Vielleicht `Ich genüge nicht.´ oder `Du brauchst mich.´ oder `Ich bin immer für dich da.´ oder `Ich darf dich nicht enttäuschen.´. So in der Art. Auf Basis dieses Satzes entwickelt das Kind entsprechende

Verhaltensweisen, Strategien. Sie helfen dem Kind, mit der für ihn schier unüberschaubaren Situation zurechtzukommen. Es hat eine Lösung gefunden. Ganz schön schlau, was? Leider haben Glaubenssätze zwei Haken: sie haben kein Ablaufdatum und sie entstehen nicht willentlich. Wir setzen uns als Kind wohl kaum hin und schreiben unsere Lösung auf, die wir gefunden haben." Friederike lächelte kurz. „Daher entziehen sich diese Sätze unserer Überprüfung. Sie manifestieren sich über die Jahre – erinnere dich an die Kugelbahn. Wir nehmen sie mit in unser Leben, ohne zu merken, dass sie irgendwann ausgedient haben und nicht mehr passen. So sehr sie uns einst geholfen haben, so sehr stehen sie uns mehr und mehr im Weg. Das Schlimme daran: Wir merken es nicht, wir erkennen es nicht."

„Willst du damit sagen, dass irgendwo in uns diese Sätze herumspuken, die stärker sind als unser Wille und uns immer noch leiten, antreiben und unser Verhalten und unsere Entscheidungen beeinflussen? Auch als Erwachsene? Ohne dass ich das merke?" Ich klang etwas hysterisch.

„Hast du dich nicht auch schon in manchen Situationen gefragt, wie du da hineingeraten bist, wieso du so traurig, ängstlich oder wütend bist?", antwortete Friederike mir, ohne direkt auf meine Fragen einzugehen. „Hast du dich jemals bei einer Reaktion erwischt, die du dir hinterher selbst nicht mehr genau erklären konntest? Wieso geraten wir immer wieder in Situationen, an Beziehungspartner, an Kollegen oder Vorgesetzte, die sich scheinbar auf immer gleiche Weise uns gegenüber verhalten? `Ich gerate immer an den Falschen´, sagen viele Frauen, die das x-te Mal von ihrem Partner betrogen oder angeschrien wurden. `Nie gelingt es mir, nein zu sagen´, wenn mir Kollegen wiederholte Male Aufgaben auf den Schreibtisch

knallen. `Eigentlich würde ich gerne mehr Sport machen, singen lernen, mit dem Rauchen aufhören, aber ich kriege mich nicht aufgerafft.´ `Ich würde ja wieder arbeiten gehen, aber mein Mann will das nicht.´ Und so weiter und so weiter. Na, was dabei?"
„Das hat mit den Glaubenssätzen zu tun?"
„Erwischst du dich nicht öfter bei dem Gedanken, gerne einiges in deinem Leben ändern oder anders machen zu wollen, aber wie ein Magnet immer und immer wieder in zumindest ähnliche Situationen gerätst? Immer und immer wieder an der gleichen Stelle stolperst? Als ob alles einem geheimen Muster folgt – tja, und genau das tut es."
Mir schossen einige Fragen und Gedanken durch den Kopf, ich versuchte, sie in Worte zu fassen, bekam sie jedoch nicht zu greifen. Ich schaute Friederike an, setzte zu sprechen an und bekam doch nichts raus. Ich schluckte. Ich war verwirrt. Natürlich kannte ich solche Situationen. Sehr gut sogar. Und umso mehr meine Gedanken kreisten und in Aufruhr gerieten, desto mehr erkannte ich Muster in meinem Leben. Wieder tauchten Schreibtischschubladen und nahende Ereignisse in meinem Leben vor meinem inneren Auge auf. Ich wischte sie beiseite. Damit hatte das nichts zu tun! Das war etwas völlig anderes! Ich musste Friederike widersprechen. So einfach konnte das nicht sein! Ich war doch keine blind durchs Leben laufende Marionette! Über alles hatte ich mir Gedanken gemacht: wie ich leben will, was ich beruflich machen will, mit wem ich zusammensein wollte. Oder nicht? Doch! Ich hatte Antworten gefunden! Bewusst und willentlich! Ich lebte in einer schönen Altbauwohnung in Berlin, war Kinderärztin und verlobt mit Michael. Alles verlief genau so, wie ich es wollte! Ich würde Michael heiraten, nach Stuttgart ziehen, wo er seine Stelle als Oberarzt der Chirurgie an einem re-

nommierten Krankenhaus antreten würde, mir eine Praxis suchen, in die ich einsteigen könnte, und Schreibtischschubladen und den ganzen Hokuspokus schlicht und einfach vergessen! Wieso, Herrgottnochmal, regte ich mich so auf, es hatte doch nichts mit mir zu tun!„Bei mir gibt es keine Glaubenssätze“, platzte ich heraus. Ich hörte selbst, wie schnippisch es klang. Doch zu spät, ich konnte mich nicht mehr bremsen. Der D-Zug rollte.
„Das ist was für Spinner, Menschen, die durchgeknallt, neben der Spur sind oder vielleicht sogar etwas dumm oder unreflektiert oder was weiß ich! Die ihr Leben einfach nicht im Griff haben! Aber ich bin nichts von alledem! Ich…“ Ich suchte nach Worten, fand aber keine.
„Warum regst du dich dann auf? Dann ist doch alles gut.“
„Ich rege mich auf, weil, weil… du kommst daher, kennst mich überhaupt nicht und behauptest, ich hätte mein Leben nicht im Griff, ich wäre eine Marionette, die keine Entscheidungen treffen kann, die… ich bin Ärztin! Jeden Tag treffe ich Entscheidungen. Das muss ich sogar recht bewusst tun, sonst stehe ich mit einem Fuß im Knast!“ Meine Stimme wurde mit jedem Wort schriller und lauter. Ich fuhr mir durch die Haare, der Zopf löste sich halb. Mir war das egal. Sollten die Leute von den Nachbartischen doch schauen, ihre Köpfe schütteln, spöttisch über die Ausgeflippte grinsen. Ich war dabei, die Beherrschung zu verlieren, meine über die letzten Stunden mühsam aufrechterhaltene Fassade bröckelte, meine Unruhe sickerte durch, ich wurde durchlässig wie ein Sieb, als ob mir Folie abgezogen würde, hinter der ich mich versteckt hatte. Ich konnte mich nicht mehr bremsen: „Ich habe Verpflichtungen, Menschen vertrauen mir, lieben mich, ich habe Versprechungen gegeben und

ich muss auch von etwas leben. Niemand kann einfach so durchs Leben spazieren, als gäbe es kein Morgen, als gäbe es niemanden, auf den man Rücksicht nehmen müsste, so eine Egoistin bin ich nicht, ich…“ Ich merkte, dass die Dinge, die ich aus mir herausschleuderte, keinen Sinn mehr ergaben. „Ich … will, ich will … ich darf niemandem weh tun.“ Tränen liefen mir übers Gesicht. Ich stand auf. Ich wusste nicht mehr, was ich tat.
Ich merkte, dass der Zug stand, ich hörte eine Stimme über die Lautsprecher irgendetwas sagen, aber ich verstand es nicht, sah irgendwo ganz fern am Rand Friederike, die ihre Arme nach mir ausstreckte, hörte, dass ich irgendetwas vor mich hinmurmelte, ohne genau zu wissen, was. Ich sah, dass sich der Fußboden bewegte, die Zugtüren mir näherkamen, spürte, dass sich die Luft veränderte. Ich war raus. Raus aus dem Zug. Weg. Weg von diesen Bildern, diesem lauten Rattern, diesen verrückten Worten. Raus und weg. Es dröhnte in meinen Ohren. Laut, sehr laut. Ich konnte nichts anderes mehr hören. Ich ging. Nein, in Wirklichkeit waren es meine Füße, die gingen, die sich bewegten, wer den Befehl dazu gab, wusste ich nicht. Sie gingen einfach. Dann rannten sie. Sie rannten immer schneller. Jemand rief etwas. Zu mir? Ich wusste es nicht. Meine Füße knallten auf den regennassen Asphalt. „Tanja!“ Immer schneller. Autos hupten, Räder quietschten, Rufe. „Tan...ja! Achtung!!“
Doch ich hörte es nicht. Ich konnte es nicht hören, denn ich war in einem Raum. Einem großen Raum. Voller Menschen. Ein Raum voller Menschen, die mich anblickten. Überall war Nebel. Er waberte, umhüllte die Menschen und mich. Nahm mir die Luft und den Blick. Ich konnte nur Schemen sehen. Gespenster. Weiter rannte ich. Ich rannte direkt auf die Menschen zu. Und allmählich lichtete sich der Nebel,

und ich konnte immer mehr erkennen, Details tauchten auf. Ich hielt einen Cocktail in der Hand, die Hand zitterte. Ich erinnerte mich, mal dort gewesen zu sein. In diesem Raum. Und immer stärker nahm ich die Konturen der Gesichter wahr. Freundliche Gesichter. Vertraute Gesichter. Erstaunte Gesichter. Entsetzte Gesichter. Menschen, die sich von mir wegdrehten. Kopfschütteln. Lachen. Von irgendwoher kam Musik. Ich lief auf die Musik zu. Und über die Musik riefen mir die Gesichter etwas zu. Ich verstand es kaum. Ihre Münder bewegten sich. Und irgendwo in meinem Kopf dröhnten ihre Worte, ergaben keinen Sinn, und doch verstand ich sie:
„Familienproblem ……. machst uns traurig ……..
Ärztin ……. da oben …….. Familienproblem …… wer du bist …..... Ärztin …... ist egal …... wer A sagt ……. Du machst uns …...... lacht am besten …... da oben sitzt …... Familienproblem ……. wer zuletzt lacht ……. B sagen ……. Meine Tochter ist Ärztin …... wer du bist, ist egal …... da oben sitzt das Familienproblem …... das Familienproblem ……. machst uns alle traurig ……. das Familienproblem…….
Familienfamilienfamilienproblemproblemproblempro blem..... egal egal egal.....“

Die Stimmung war gut, ausgelassen, es wurde viel gelacht. Die Musik war laut, man konnte sich nur schreiend unterhalten. Sie stand bei ihren Freundinnen, der Einfachheit halber redeten sie nicht, sondern nippten an ihren Getränken, wippten leicht im Takt zur Musik, die jetzt lauter gedreht wurde. Fordernd. Provozierend. Verlockend. Aufdringlich, fand Tanja. Ihre Freundinnen freuten sich, klatschten begeistert in die Hände und fingen an, sich Richtung Tanzfläche zu bewegen.

Tanja erstarrte. Was war los? Wieso konnte sie sich nicht bewegen? Eine Freundin versuchte, sie am Arm mitzuziehen. Doch Tanja konnte sich lösen, deutete auf die Bar, um sich ein neues Getränk zu holen. Es schauderte ihr.
Eine merkwürdige Kälte kroch an ihr hoch, den Rücken entlang, ließ sie in ihrer Bewegung innehalten, erstarren. Wieso tanzte sie nicht einfach los, so wie ihre Freundinnen es taten? Sie sah sich hilfesuchend um. Ihr wurde flau.
Sie starrte auf die Menschen, blauer Dunst und feiner Nebel waberten ihr entgegen, die Musik dröhnte, brummte, immer lauter durch sie durch. Es kämpfte in ihr, und ihre Beine fühlten sich wie taub an, gehorchten ihr nicht. Sie wollte sich ja bewegen, aber es ging nicht.

Ihr wurde übel, schummrig, jetzt stieg Hitze in ihr auf. Ihr Darm protestierte, ihr Atem war flach, hektisch, ihr Herz raste vor Aufregung, ihr Mund war völlig ausgetrocknet, jedes Schlucken konnte Brechreiz auslösen, und sie versuchte krampfhaft, ihn zu unterdrücken. Völlig verrückt und peinlich, sich jetzt hier mitten in den Raum zu übergeben. Sie wollte weg, nur noch weg. Doch ihre Beine rührten sich nicht. Sie wollte weg von der Musik, von dem Dunst, von den Tanzenden, die sie verspotteten, die sie nicht ernst nahmen, nicht verstanden.
Aus ihren Augenwinkeln nahm Tanja eine Bewegung wahr. Sie sah, wie ihre Freundin sich auf sie zubewegte. Sie nahm Haltung an, lächeln, jetzt nicht vergessen zu lächeln. Alles andere war unpassend und völlig verrückt. Ihre Freundin wirkte so fröhlich, so ausgelassen, und sie hysterisch, panisch. Sie hatte ihr einen schönen Abend versprochen, konnte sie jetzt nicht enttäuschen.

„Lächle, Tanja“, ermahnte sie sich. „Mach nicht alles kaputt!“ Sie nahm all ihre Kraft zusammen und den Cocktail entgegen, den ihre Freundin ihr entgegenstreckte. Ihre Hände zitterten, sie griff zu schnell und überflüssigerweise mit beiden Händen nach dem Glas. Hielt sich daran fest. Ihre Freundin schien von alldem nichts bemerkt zu haben, blickte genießend durch den Raum.

Ganz allmählich beruhigte sich ihr Atem, das Schlucken wurde leichter, Gefühl kehrte in ihren Körper zurück. Tanja trank ihr Glas in einem Zug aus, hakte sich bei ihrer Freundin unter und zog sie mit sich auf die Tanzfläche. Hier konnte sie so tun, als sei nichts gewesen. Alles gut. Alles war gut.

TEIL 2

Die Erkenntnis

TEIL 2

„Hier steckst du. Gott sei Dank, ich habe dich gefunden." Ich atmete erleichtert auf. Ich hatte mir Sorgen gemacht. Zum Glück hatte der Zug lange genug gehalten, um schnell Geld auf den Tisch zu werfen – es war ein großer Schein, den ich in der Eile griff, und ich hoffte, er würde für unsere Speisen und Getränke reichen. Im Inneren überschlug ich schnell unsere Rechnung: es müsste wohl hinkommen. Vielleicht war auch ein kleines Trinkgeld inklusive. Ich ergriff hastig meine Jacke und Tasche und rannte, den einsteigenden Passagieren so gut wie möglich ausweichend, Tanja hinterher aus dem Zug. Ich sah sie nicht sofort und schaute mich nervös um. Wohin war sie gelaufen? Ich lief eine der vielen Treppen hinunter zur Bahnhofshalle, suchte sie. Als ich gerade dachte, sie verloren zu haben, sah ich ihre rote Jacke am Ausgang des Bahnhofs aufblinken. Sie rannte. Ich setzte mich in Bewegung, um sie nicht aus den Augen zu verlieren.

Draußen regnete es leicht, was meine Sicht auf Tanja verschlechterte, und ich musste einige Male stehenbleiben, um mich wieder zu orientieren. Wenige Häuserblöcke weiter liefen wir auf einen großen Platz zu, auf dem eine Kirmes aufgebaut war und sich Menschen dicht an dicht dem nassen Wetter zum Trotz durch die schmalen Gänge zwischen den Attraktionen schoben. In dem Gewimmel verlor ich Tanja erneut aus den Augen. Ich suchte nach ihr, blickte zwischen den Menschen hindurch, sah lachende Gesichter an den Getränkeständen, Eltern, die ihren Kindern am Karussell zujubelten, Pärchen, die eng umschlungen in den Waggons des Riesenrads kuschelten. Irgendwo im Hinterkopf nahm ich den Duft von Popcorn und Zuckerwatte und Bratwurst wahr, hörte die Musik, die vom Autoscooter herüberdröhnte. Aber all das drang nicht in mein Bewusstsein. Es war nur der Hintergrund, vor dem sich meine Suche abspielte. Ich war mir sicher, dass ich Tanja finden würde. Unsere Geschichte war noch nicht zu Ende.

Und ich fand sie. In einem einstöckigen Aufbau, über dem in bunten, leuchtend blinkenden Lettern `Irrgarten´ zu lesen war. Hatte sich Tanja bewusst entschieden herzukommen? Das Gebäude schrie geradezu nach mir. Und die Überschrift der Attraktion schien so plump zu unserer Lage zu passen, dass ich erst zögerte, dem Ruf zu folgen. Aber ich entschied mich, meinem Instinkt zu vertrauen, kaufte ein Ticket und betrat das Gebäude. Im bunt flackernden Licht folgte ich einer Gruppe junger Mädchen hinter eine rote Wand und sah mich plötzlich einer Vielzahl grinsender Gesichter gegenüber, die sich grotesk verbogen und bewegten. Ich hörte das hysterische Lachen der Mädchen, die sich einen Spaß daraus machten, sich im Spiegelkabinett zu verstecken und gegenseitig zu erschrecken. Ich konzentrierte mich, hörte auf meine innere Stimme. Und dann fand ich Tanja.

In einer Ecke des Kabinetts saß sie an die Wand gelehnt mit angezogenen Knien und schien ihr Spiegelbild gegenüber zu betrachten. Noch hatte sie mich nicht gesehen, und ich folgte ihrem Blick auf die andere Seite, dahin, wo eine skurril verzogene Tanja mit riesigen Augen, einem schiefen Mund mir entgegensah. Sie sah aus wie ein Gespenst, wie Ginnie, der Flaschengeist, der sich aus der Wunderlampe emporbewegte. Weiter rechts sah ich eine weitere Tanja, die kugelrund mir entgegenzukullern schien. Einen Moment zögerte ich. Dann ging ich auf Tanja zu.

Ganz allmählich ließ das Dröhnen in meinen Ohren nach. Mein Puls entspannte, mein Atem beruhigte sich. Doch das waren äußere Geschehnisse, ich bekam davon nichts mit. Nur langsam kehrte ich in die Realität zurück oder in das, was von ihr übrig war. Ich suchte meinen Körper, versuchte nach und nach, alle Körperteile wieder wahrzunehmen, und übernahm nur schrittweise wieder die Kontrolle über Muskulatur, über Atmung, über Bewegung. Ganz langsam kehrte Bewusstsein zurück. Es schien, als würden die Dinge – alles in mir, meine Organe, meine Gedanken, aber auch alles um mich herum – wieder an ihren Platz rücken. Jemand oder etwas hatte mich völlig durcheinander geworfen, ein Haufen Schutt, mich in alle Winde verstreut, und nur langsam und vorsichtig fügte sich alles wieder zusammen. Als würde man einem Maler zuschauen, der behutsam an seinem Gemälde arbeitete. Bei den ersten Pinselstrichen hatte der Betrachter noch keine Ahnung, was da vor ihm entstand, und dann kamen die ersten Ideen, Möglichkeiten. Oder wie einer dieser modernen 3D-Drucker, der Schicht um Schicht wie durch Zauberhand eine Skulptur entstehen ließ. Es war, wie aus einem langen und intensiven Traum zu erwachen, ohne zu wissen, dass man eingeschlafen war. Und ohne sich zu erinnern, wovon man eigentlich geträumt hatte. Aber all das entzog sich meinem Bewusstsein. Es geschah einfach. Ich musste nur sitzen, da sein.
Irgendwann nahm ich Konturen um mich wahr. Ich sah, dass ich saß, spürte den Boden unter mir, die Wand in meinem Rücken. Ich sah, dass meine Kleidung nass war, roch die Feuchtigkeit. Und ich nahm mehr und mehr von meiner Umgebung wahr, konnte sie mir jedoch kaum erklären. Spiegel. Überall. Von allen Seiten sah ich mich. Auch wenn ich zu diesem

Zeitpunkt nicht hätte beschreiben können, was oder wen genau ich da sah. Irgendwo in meinem Bewusstsein nahm ich wahr, dass ich wohl die Person war, die mir aus den vielen Spiegeln entgegensah. Auch wenn sie sich verzerrt und in Fratzen und skurrilen Formen zeigte.
Und irgendwann nahm ich eine weitere Person neben mir wahr. Ich spürte ihre Präsenz, hörte ihren Atem, spürte ihre Wärme, noch bevor ich diesen Wahrnehmungen eine Erklärung geben konnte. „Friederike", sagte eine Stimme in mir. Es dauerte aber noch lange, bis ich verstand, und noch länger, bis diese Stimme wieder eins wurde mit meinen Gedanken, bis ich begriff, dass diese Stimme meine Stimme war. All das passierte in wenigen Augenblicken. Mir jedoch erschien alles wie in Zeitlupe. Als hätte jemand den Ablauf des Films auf Zeitlupentempo eingestellt, um den Zuschauer auf alle Details aufmerksam zu machen. Nichts sollte ihm entgehen. Doch ich, die Depperste unter allen Zuschauern, begriff nichts von dem, was ich sah. Und warum, warum das alles passierte. Vielleicht war es zu langsam für mein überhitztes und übereifriges Bewusstsein, vielleicht immer noch viel zu schnell.Ganz langsam rutschte ich wieder rein in mich – meinen Körper, meinen Kopf, mein Bewusstsein. War ich ohnmächtig gewesen? Doch dann wäre ich wohl kaum an diesen Ort gelangt. Geschlafwandelt? Ferngesteuert? Oder einfach ausgerastet, hatte den Verstand verloren? Ich war mir nicht sicher. Ich wusste nicht, wo genau ich war, wie ich da hingekommen bin, wie viel Zeit vergangen war. Und ich traute mich nicht zu fragen. Ich war mir nicht sicher, ob mir meine Stimme wieder gehorchen würde. Also schwieg ich. Keine Ahnung – ich wusste nicht, was man in so einer Situation sagt! Sagte man überhaupt etwas? Gab es etwas zu sagen?

Ich war froh, als Friederike mir diese Entscheidungen abnahm und das Schweigen vorsichtig brach: „Sollen wir nach Hause gehen?“

Das klang so schön. So einladend. So unschuldig. So einfach. „Nach Hause.“ Stimmt. Dahin war ich eigentlich unterwegs gewesen, bevor... Bevor was? Was war nur passiert? Was war los mit mir? Was war geschehen? Ich war ausgerastet, so viel war klar, und gerannt. Ich konnte mich an Regen erinnern und an das Geräusch von platschenden Schuhen auf nassem Asphalt. Und an viele Menschen, die, oder... Waren sie real gewesen? Und ich erinnerte mich an den Bahnhof, an unseren Zug. Der Zug! Ich setzte mich ruckartig auf:
„Unser Zug! Wo...?“ Mit aufgerissenen Augen schaute ich zu Friederike.
„Unser Zug? Liebes, der ist längst weitergefahren. Aber, hey, alles ist gut. Ich habe unsere Sachen mitgenommen und wir...“
„Ja, aber Berlin! Ich muss nach Berlin und ich...“ Ich sprang auf, was ich sofort bereute. Meine eingeschlafenen Füße quittierten meinen plötzlichen Sprung mit stechenden Schmerzen. Während ich versuchte, mich und meinen Körper zu sortieren und meine Füße wach zu schütteln, erhob sich Friederike.
„Alles ist gut“, wiederholte sie, „wir sind in Berlin. Zwar nicht am Hauptbahnhof. Aber für den Rest des Weges nehmen wir uns einfach ein Taxi. Nun komm.“

Irgendwie war ich froh, dass Friederike das Kommando übernahm. Mein Gehirn arbeitete noch viel zu langsam oder gar nicht. Und ich verstand nur mühsam, was geschehen war, geschweige denn, dass ich in der Lage war, Entscheidungen zu treffen.

Wortlos bahnten Friederike und ich uns den Weg raus aus dem Labyrinth, weg von den Spiegeln. Als wir draußen waren, blieb ich stehen und nutzte den Moment, um tief Luft zu holen. Das erfrischte, und meine Lebensgeister kehrten zurück. Ich sah Friederike an.
„Was...“, doch ich konnte nicht weitersprechen. Zu viel schoss mir gleichzeitig durch den Kopf. Zu viel war ungeklärt. Zu viel, was ich nicht verstand.
„Pscht. Schon gut.“ Friederike sprach beruhigend auf mich ein: „Lass uns erst mal nach Hause fahren und ausruhen. Dann sehen wir weiter.“
Nach Hause. Da war es wieder.
„Nach Hause? Ich glaub, ich kann jetzt nicht nach Hause.“ Ich wusste selbst nicht, was ich damit meinte. Aber ich gewöhnte mich allmählich daran, die Dinge nicht mehr zu verstehen.
„Das musst du auch nicht. Wenn du magst, kommst du mit zu mir. Also nicht wirklich zu mir. Ich wohne hier in Berlin bei einer Freundin. Während der Fashion Week. Sie ist nicht da, sie arbeitet als Krankenschwester und hat heute Nachtschicht. Wir haben ihre Wohnung also erst einmal ganz für uns. Also, wenn es okay für dich ist, bist du herzlich eingeladen.“
War es okay für mich? Keine Ahnung. Ich hatte nicht mal frische Klamotten dabei, geschweige denn eine Zahnbürste.
„Auf dem Weg ist sicher eine Drogerie, da kannst du dir das Nötigste besorgen, wenn du magst.“ Wieder schien Friederike meine Gedanken lesen zu können. Oder war mein Gesicht wirklich so ein offenes Buch? Statt zu antworten, nickte ich nur leicht. Das musste reichen, alles andere schien mir zu viel Kraft zu kosten. Friederike verstand meine Zustimmung, und wir machten uns auf den Weg Richtung Bahnhof, wo wir

uns ein Taxi nehmen konnten. Ich hatte keine Ahnung, wohin wir genau fuhren. Aber es war mir auch egal. Ich wollte nur los. Irgendwohin.
Wir fuhren schweigend, und ich nahm die Gegend, durch die wir fuhren, kaum wahr. Sie schien mir völlig fremd zu sein, nur entfernt vertraut. Wir fuhren durch das abendliche Berlin. Und normalerweise liebte ich diese Uhrzeit: das Licht wirkte wie gedimmt, und doch war immer noch viel los. Ich liebte diese Stadt. War hier aufgewachsen. Außerhalb, okay. Aber schon immer hatte ich jede Gelegenheit genutzt hineinzufahren, immer auf der Suche nach schönen Orten, interessanten Plätzen, dahin, wo was los war. Ich kannte Charlottenburg genau wie Mitte, Prenzlauer Berg wie Friedrichshain. In Teltow aufgewachsen, wohnte ich jetzt in Köpenick. Die grüne Lunge Berlins.
Jetzt während der Fahrt erschien mir alles zu bunt, zu eng, zu aufdringlich. Die hupenden Autos, die Menschen, die sich über die Straßen schoben, die vielen Radfahrer, denen unser Taxifahrer geschickt auszuweichen wusste.
Ich lehnte mich in meinem Sitz zurück und ließ das abendliche Berlin an mir vorüberziehen, ohne auf Details zu achten oder etwas Bestimmtes wahrzunehmen. Ich ließ meine Gedanken schweifen und blätterte innerlich die Ereignisse dieses verrückten Tages zurück. Was war nur geschehen? Wie konnte sich eine simple, belanglose Zugfahrt zu einem völlig kopflosen Drama entwickeln, in dem ich die Hauptrolle spielte? Ich! Die stets darauf bedacht war, besonnen und wohlüberlegt zu handeln, dabei möglichst wenig, besser gar kein Risiko einzugehen und wenig aufzufallen. Mein Abgang aus dem Zug und meine Flucht waren filmreif gewesen. In keiner Vorabendserie hätten sie es dramaturgisch besser erzählen können. Ich hatte

Panik empfunden, völlig die Kontrolle verloren. Noch nie war mir etwas auch nur annähernd Vergleichbares geschehen. Nicht, dass ich noch nie Panik gehabt hätte, im Gegenteil: für Panik war ich Expertin! Aber irgendwie war es mir bislang immer gelungen, die Fassade zu wahren. Niemanden teilhaben zu lassen. Niemals hatte ich meine Gefühle über meinen Verstand gestellt und so nach außen gekehrt. Zumindest nicht so lange ich zurückdenken konnte und versuchte, meine Rolle als immer toughe Erwachsene, die nichts und niemand so leicht aus der Ruhe bringen konnte, aufrecht zu halten. Aber ich hatte daran geglaubt. Für mich war das keine Rolle, kein bewusster Akt, in dem ich mir eine Maske aufzog und nur so tat als ob. Ich war selbst davon tief überzeugt gewesen. Seit Panik immer häufiger und in immer unpassenderen Situationen auftrat. Seit... Seitdem hatte ich trainiert, auf Knopfdruck die Coole zu sein, die Toughe, die Autonome. Ich hatte es so perfektioniert, dass ich selbst nicht mehr hinter die Fassade blicken konnte, dass auch für mich die Grenzen zwischen Wirklichkeit und Maske verschwammen. Irgendwann wurde es Teil meiner Persönlichkeit, die ich für hieb- und stichfest hielt. Ich glaubte meiner eigenen Vision. Auf mein schauspielerisches Talent war derartig Verlass gewesen, dass ich vergaß, dass ich spielte. Ich wurde zu der Person, die ich darzustellen suchte.
Und heute? Heute tauchte eine mir wildfremde Frau auf der Bildfläche auf, brachte all das, all die vielen, vielen Mauern in wenigen Stunden zum Einsturz, wirbelte auf und hinterließ so viele Fragen. War ich doch nicht so undurchdringlich, wie ich immer gedacht hatte? Wer nur war diese Frau? Was hatte sie getan? Worauf hatte ich mich da nur eingelassen? Wieso hatte sie mich derartig aus der Fassung bringen können? Welchen Knopf hatte sie gedrückt?

Wieso hatte ich sie so tief in mich schauen, mich so aus der Bahn werfen lassen? Ich hatte die Kontrolle verloren. Doch während ich bei unserer Fahrt im Taxi in mich hineinspürte, sah ich weder Groll noch Scham noch Angst. Ich war wie leer. Da war keine Emotion. Nichts. Ich fühlte mich wie ein geleertes Gefäß, das vom Regal gestürzt war und seinen Inhalt über den Boden verteilt hatte. Doch es war bei dem Sturz nicht zersplittert. Jemand hatte es genommen und wieder auf das Regal gestellt. Und da stand es nun und war bereit, neu gefüllt zu werden. Ja, es war sogar neugierig auf seinen neuen Inhalt. Neugierig auf das, was kam. Und irgendwo tief in mir spürte ich sogar so etwas wie Vertrauen. Es würde gut werden. Irgendwie. Und ich nahm mir vor, mir den neuen Inhalt genau anzuschauen. Nie wieder wollte ich einfach irgendetwas in mich reinlassen, das dazu führte, Masken aufzuziehen, Versteckspielchen zu spielen oder anderweitige Verteidigungsstrategien auszuklügeln. Ich war dabei, die Dinge, mich neu zu gestalten, neu zu sehen, anders zu denken. Und statt Angst oder Zweifel oder Verbitterung war da ein tiefes Einverständnis in mir, ein Vertrauen auf diesen Weg und auf die Frau, die neben mir im Taxi saß. Schließlich hielt unser Taxi vor einem recht unscheinbaren Mehrfamilienhaus. Ich hatte keine Ahnung, wohin wir gefahren waren. Eigentlich fand ich es auch nicht wichtig, doch der Anteil in mir, der sich gerne in Sicherheit wog, forderte Informationen. Also fragte ich Friederike nach dem Ort. Wir waren in Karlshorst gelandet, nicht weit weg von Köpenick. Nachdem wir das Taxi bezahlt hatten und ausgestiegen waren, gingen wir auf das Haus zu. Doch kurz vor der Eingangstür bog Friederike plötzlich nach links ab und ging zum rückwärtigen Teil des Hauses. Ich folgte ihr den schmalen Weg am Haus entlang, bis

wir in einer Art Garten landeten. Garten war wohl eine eher großzügige Umschreibung für das Gestrüpp, durch das wir wateten. Das über kniehohe Gras hatte wahrscheinlich seit Monaten keinen Rasenmäher mehr gesehen. Dann lichtete sich jedoch das Gestrüpp und ein kleiner, ins Gras gemähter Weg wurde frei. Rechts führte der Weg zu einer alten Steintreppe, auf der viele Blumentöpfe standen, die die unterschiedlichsten Pflanzen beherbergten. Über diese Treppe bahnte sich Friederike ihren Weg nach oben zu einer Art Veranda, die leicht baufällig wirkte und doch auch etwas Anheimelndes hatte: Auf der schmalen Seite der Veranda stand eine kleine Hollywoodschaukel mit altmodischem Blumenmuster. Überall standen und hingen weitere Pflanzentöpfe herum. Wer immer verantwortlich für die Versorgung der Pflanzen war, kannte sich offenbar gut aus und lebte hier seine Leidenschaft aus. Die einzige Pflanze, der ich einen Namen zuordnen konnte, war Lavendel, dessen Duft mir aus drei der Töpfe entgegenwehte. Mehr gaben meine botanischen Kenntnisse nicht her.
Friederike jedoch schien weniger auf die Pflanzen um sich zu achten. Sie suchte etwas. Blieb plötzlich stehen, bückte sich nach einem Stein, hob ihn hoch und fand, wonach sie gesucht hatte: einen Schlüssel. Ich erinnerte mich, dass sie erwähnt hatte, dass ihre Freundin, die wohl Besitzerin dieser kleinen Garten-Oase war, heute Abend nicht anwesend war. Offensichtlich hatten sich die Freundinnen einen Plan überlegt, wie Friederike dennoch entspannt in die Wohnung kommen konnte. Nachdem Friederike die Tür aufgeschlossen hatte, gingen wir hinein, und ich konnte mich ein wenig umschauen. Die Verandatür führte ins Wohnzimmer der Wohnung, das einladend und gemütlich eingerichtet war. Auf den ersten Blick

schien kein Möbelstück zum anderen zu passen. Und doch konnte ich spüren, dass Friederikes Freundin ihre Wohnung mit viel Liebe und Sorgfalt eingerichtet hatte. Helle Möbel aus Massivholz, dazu ein knallrotes Sofa mit vielen Kissen – jedes hatte eine andere Farbe und ein anderes Design. Rot, Orange und Gold waren die vorherrschenden Farbtöne in diesem Raum. Neben dem Sofa stand ein roter Schaukelstuhl mit dunklen Holzbeinen, der kleine Glastisch daneben stand auf goldenen Beinen, und auf dem großen Esstisch, der die linke Seite des Raumes dominierte, lag ein goldener Tischläufer, dessen Stoff sich in den Sitzkissen der Essstühle wiederholte. An der Wand über dem Sofa hing ein großes Gemälde aus Gold-, Rot- und Orangetönen, das sanft einen Weg durch eine Allee hin zur Sonne andeutete. Es nahm fast die gesamte Breite des Sofas ein. Und auch hier im Wohnzimmer setzte sich die Liebe der Bewohnerin zur Pflanzenwelt fort, und am Fenster standen eine Reihe groß gewachsener Zimmerpflanzen in goldenen Töpfen. Das Fenster war gerahmt mit schweren Vorhängen, gemustert in Rot und Gold.
Friederike stellte unsere Taschen am Esstisch ab: „Setz dich doch! Ich mach uns mal einen Tee.“ Und bevor sie aus dem Wohnzimmer wohl in Richtung Küche verschwand, ging sie zur Musikanlage, neben der ein großes Regal vollgestopft mit CDs stand. Nach einer Weile hatte sie wohl gefunden, wonach sie gesucht hatte: „Alles lässt sich leichter ertragen mit der richtigen Musik. Ah, hier ist sie.“ Sie nahm eine CD aus dem Regal, legte die Scheibe in den Spieler und fand nach kurzem Zögern die richtigen Knöpfe, um die CD abzuspielen. Ich erkannte sie nicht. Friederike drehte sich zu mir, als hätte ich meine Frage laut ausgesprochen, und zeigte mir das Cover der CD: „`Adele 21´. Eine Leidenschaft von mir.“

Friederike lächelte und ging dann los, um uns Tee zu kochen. Aus der Küche hörte ich sie singen. „Ich hab mehrere Teesorten gefunden, such dir eine aus.“ Friederike kam, ein goldenes Tablett mit Teegeschirr, einer großen Teekanne, einer kleinen Schale mit Keksen und einer großen Auswahl Teebeutel balancierend, ins Wohnzimmer zurück.
„Ich weiß ja nicht, wie du deinen Tee trinkst, daher habe ich einfach mal alles mitgebracht: Milch, Honig, Süßstoff, Zucker.“ Friederike stellte das Tablett vorsichtig auf dem großen Tisch ab, an dem ich saß und wartete. Ich entschied mich für einen Kamillentee, süßte ihn mit Honig, und eine Zeit lang waren wir beide schweigend in die Zubereitung unserer Tees vertieft.
„Du hast gesagt, ich sei nicht bei mir. Wo bin ich denn dann?“, eröffnete ich unser Gespräch mit der erstbesten Frage, die mir durch den Kopf ging. Ich hätte tausend andere Fragen stellen können. Aber irgendetwas in mir erinnerte sich an den Beginn unserer Begegnung und der ersten Aussage von Friederike, die mich durcheinandergebracht hatte. Ich setzte also einfach ganz von vorne an.
„Die Frage kann ich dir nicht so einfach beantworten“, gab Friederike zu. „Wo warst du denn? Vielleicht bei den Bildern und Ideen, die du von dir und deinem Leben hast? Vielleicht bei den Menschen, die mit diesen Bildern und ihrer Entstehung zu tun haben?“
„Sie sind ein Teil von mir. Wo ist der Unterschied, wo die Grenze zwischen Bildern und der Wirklichkeit?“, wand ich ein.
„Ja, du hast sie zu einem Teil von dir gemacht. Um Konflikten aus dem Weg zu gehen, befürchteten Urteilen zu entgehen, Ängsten auszuweichen. Sieh mal. Es ist eigentlich gar nicht so schwierig. Was siehst du,

wenn du hier aus dem Fenster in den Garten schaust?“

Ich folgte Friederikes Blick raus in den Garten, durch den wir vor wenigen Augenblicken gegangen waren.

„Hm“, ich versuchte, höflich zu bleiben, „ich weiß gar nicht, ob ich es Garten nennen würde.“

„Warum nicht? Was braucht ein Garten für dich?“

„Na ja, vielleicht einen gepflegten Rasen, eine Schaukel, Blumenbeete, keine Ahnung, so etwas halt.“

„Genau. Es ist dein Bild von einem Garten. Das hier entspricht nicht deinem Bild, deinen Vorstellungen. Und doch fühlt sich Silvia, meine Freundin, hier sehr wohl und hat sich alles so gestaltet, wie es ihren Vorstellungen und Wünschen eines Gartens entspricht. Oder ein anderes Beispiel: Du willst ein Regal in deiner Wohnung aufhängen, das sehr schwer ist. Nägel reichen nicht, du musst wohl zu Schrauben und Bohrmaschine greifen. Nehmen wir mal an, das hast du noch nie getan. Und nehmen wir weiter an, dass du fest davon überzeugt bist, es nicht zu können. Du kannst jetzt resignieren, dir schlecht vorkommen, vielleicht passt es ebenfalls nicht in dein Bild von dir, dir für das Anbringen eines einzigen Regals Hilfe zu holen, und du beginnst, dir Rechtfertigungen und Erklärungen zurechtzulegen, warum du es nicht kannst oder es nicht so wichtig ist, dass es aufgehangen wird. Oder du recherchierst, vergisst die Bilder und Vorstellungen, die du von dir hast, und probierst es einfach mal aus. Im schlimmsten Fall hängt das Regal etwas schief oder das Bohrloch ist zu klein oder zu groß und du versetzt das Regal ein Stückchen zu einer Seite. Du wirst wahrscheinlich feststellen, dass deine Bilder von dir nicht der Wirklichkeit entsprechen. Verstehst du, was ich meine?“ Ohne eine Antwort abzuwarten, sprach Friederike weiter: „Das ist der Unterschied zwischen Bildern, Vorstellungen, Erwartungen und der Wirklichkeit. Menschen bauen ihr gesamtes-Leben auf diesen Bildern auf." Für einen kurzen Moment versank sie in ihren Gedanken, bevor sie weitersprach: „Und damit bauen sie ihr Leben auf Sumpf, auf Verwirrungen. Es gleicht eher einer Flucht oder Vermeidung. Das hat verheerende Folgen. Denn sie leben nie ihr volles Potenzial, nie ihre eigenen Träume, nie sich selbst. Die Bilder und Vorstellungen, nach denen sie ihr Leben ausrichten, sind meist Reaktionen auf Erfahrungen aus längst vergangener Zeit; auf Urteile anderer, auf Zuschreibungen anderer, auf Gefühle, die sie vielleicht mal einst als Kind gehabt haben. Meistens können wir gar nicht mehr nachzeichnen, woher welche Reaktion und Vorstellung in uns kommen. Angst spielt eine große Rolle. Angst, etwas falsch zu machen, ausgelacht zu werden, Angst, falsche Entscheidungen zu treffen, Angst, zu verletzen oder selbst verletzt zu werden, Angst vor Enttäuschung, vor Scheitern. Die Liste ist unendlich lang. Doch die Ursachen liegen weit, weit hinter uns. Und doch sind sie immer noch der Motor, der uns antreibt, liefern die Motive, nach denen wir unser Leben gestalten. Als gäbe es die Wirklichkeit gar nicht. Die Menschen fliehen vor sich selbst. Das kann auch die laute Flucht nach vorne sein. Menschen, die besonders laut, strebsam oder erfolgreich sind, können ebenso auf der Flucht vor der Wirklichkeit sein, wie die stillen, leisen, angepassten Menschen."

„Und das macht uns müde?", erinnerte ich an eine der Fragen aus unserem Gespräch im Zug, das eine Ewigkeit her zu sein schien. Jetzt war es allerdings weniger eine Frage als eine Feststellung.

„Ja, Müdigkeit in all ihren Erscheinungsformen: Antriebslosigkeit, Traurigkeit, Reizbarkeit, Depression." Sie schaute mich an. Und ich spürte, dass der Zeitpunkt gekommen war, über mich zu sprechen. Über

meine Bilder. Über meinen inneren Motor. Über die Kugelbahnen in meinem Kopf.
„Ich will nicht heiraten“, platzte es aus mir heraus. „Ich will nicht nach Stuttgart ziehen. Ich will... Ich will...“ Ich suchte nach Worten. Ich wusste nicht, wo ich beginnen sollte. Wie konnte ich all das, was in den letzten Stunden durch meinen Kopf gejagt war, in wenigen Sätzen ausdrücken? Wie konnte ich all die Emotionen, die ich seit Jahren mit mir herumtrug, jetzt hier am Esstisch einer mir unbekannten Wohnung in Worte fassen? Ich war mir selbst nicht sicher, was da in mir los war. Ich schaute hilfesuchend zu Friederike: „Ich weiß es nicht. Ich... Es ist nicht stimmig. Es ist nicht richtig.“
„Warum tust du es dann?“
Ich war mir nicht sicher, ob Friederike die Frage wirklich gestellt oder ich sie mir nur eingebildet hatte. Die Frage schwebte in meinem Kopf, geisterte jetzt im Raum, über uns, um mich herum, schlich sich wieder in mich und hämmerte auf mich ein. Ich stand auf. Etwas zu ruckig, der Tee schwappte leicht über. Ich begann, im Zimmer hin und her zu gehen. Meine Arme wussten nicht, wohin, also verschränkte ich sie vor meinem Körper.
„Ich liebe Michael, das weiß ich. Aber muss man deswegen gleich heiraten? Ich meine, ich hasse Hochzeiten! Schon immer! Warum kann man nicht einfach miteinander verlobt sein? Fertig. Wir zeigen uns damit, wir gehören zusammen. Das ist es doch, was man will, oder nicht? Stattdessen heiraten und über Namen und Steuerklassen diskutieren...“ Ich hielt kurz inne, bevor ich meine Ausführungen fortsetzte: „Und Stuttgart! Stuttgart! Nie wollte ich nach Stuttgart! Ich bin Berlinerin durch und durch. Hamburg, okay, könnte ich mir noch vorstellen. Aber Stuttgart!“ Ich redete mich in Rage und hörte mir selber

nicht mehr zu. Die Worte flossen aus mir heraus, bevor ich über sie nachdenken und sie für salonfähig erklären konnte.
„Außerdem..." Bilder meiner Schreibtischschublade kamen mir wieder in den Sinn: „Ich bin Künstlerin!" Noch nie hatte ich diesen Satz laut ausgesprochen. Bislang hatte ich mich dafür immer geschämt, war mir kindisch vorgekommen. Künstlerin! Eine Hochstaplerin vielleicht! Eine Träumerin bestimmt! Aber Künstlerin?! Lächerlich! Aber heute hatte dieser Satz eine ganz andere Wirkung auf mich. Es schien, als wenn alles an seinen Platz rückte. Ich blieb stehen, atmete tief durch. Ich bin Künstlerin. Der Satz klang plötzlich völlig logisch und schlüssig. Als hätte ich nach jahrelanger Forschungsarbeit endlich ein Ergebnis gefunden.
„Ich bin Künstlerin", wiederholte ich laut. „Ich liebe es zu malen. Stundenlang. Tagelang. Als Kind habe ich immer davon geträumt, Künstlerin zu werden. Und ich wollte das beruflich machen. Kunst studieren. Von meinen Bildern leben können oder auch ein bisschen unterrichten. Das hätte mir gefallen. Aber alle winkten immer ab, wenn ich davon sprach. Belächelten mich und meine Ambitionen. Ich hätte nicht genug Talent, um wirklich davon leben zu können. Von meiner Sorte gäbe es Tausende. Ich könne ja davon träumen. Aber eines Tages würde ich schon erwachsen werden. Und ich solle meine Zeit und meine Energie nicht auf die Malerei verplempern." Erinnerungen tauchten auf. Viele dieser Gespräche hatte ich geführt. Noch als Kind, wenn ich begeistert von meinem Traumberuf gesprochen hatte. Meist erntete ich nur ein Lächeln. Wahrscheinlich war es nicht mal böse gemeint. Und doch hatte es meinen Traum, und vor allem meinen Glauben an meinen Traum, zerstört. Und verhindert, dass er wachsen konnte.

In Kunst bin ich nie gefördert worden. Meine Eltern verbaten mir meine Leidenschaft nicht. Sie schienen sie vielmehr zu ignorieren oder als kindliche Träumerei abzutun. Sie konnten sich nicht vorstellen, dass irgendwer, und schon gar nicht ihre Tochter, davon leben könnte. Das Leben einer Künstlerin, was immer sie sich darunter vorstellten, schien so gar nichts mit ihrem Leben zu tun zu haben. Also sprachen sie nicht davon. Und ich begann, meinen Traum über die Jahre immer weiter nach hinten in meinem Kopf zu schieben. Ich suchte nach beruflichen Alternativen. Ich suchte nach einem richtigen Beruf, von dem ich leben konnte, für den ich kein Lächeln erntete, sondern Anerkennung, Stolz meiner Eltern. Den ich nicht würde ständig erklären müssen, rechtfertigen. Sondern den ich nannte, und allen war klar, was ich damit meinte. Da ich gut mit Kindern umgehen konnte, lag meine Entscheidung recht nah. Noch bevor ich Abitur machte, entschied ich mich dafür, Kinderärztin zu werden. Zu diesem Zeitpunkt war das Malen schon nicht viel mehr als ein mehr oder weniger vernachlässigtes Hobby, das ich eher heimlich, unbeobachtet ausführte, um nicht wieder dieses Lächeln zu ernten. Dieses wissende Lächeln, dieses Lächeln, das sagte: „Wie süß." Niemandem zeigte ich meine Bilder. Niemanden ließ ich an meinem Malen teilhaben. Alle Bilder, Skizzen und Entwürfe, die ich über die Jahre anfertigte, wanderten in meine Schreibtischschublade. Und da lagen sie heute noch.
„Sag mir, Friederike, an welcher Stelle bin ich falsch abgebogen? An welcher Stelle habe ich mich verloren?"
„Fühlst du dich verloren?"
„Ja. Ja, das tue ich. Ich habe Entscheidungen getroffen, die mir als meine eigenen erschienen, und doch waren sie es nicht. Ich bin durchs Leben

gestolpert, mal hierhin, mal dorthin, und bin doch nirgends angekommen.
Ich bin immer auf der Suche. Mir kommt alles vor wie ein großer Zufall. Ich werde herumgeweht, wie eine Feder im Wind. Es ist Zufall, dass wir nach Stuttgart gehen, weil Michael dort eine Stelle erhalten hat. Mein Leben ist eine Ansammlung von Zufällen. Doch das will ich nicht. Oder ja, okay. Wenn es wenigstens meine Zufälle wären. Mein Leben. Ach, ich rede wirres Zeugs."
„Du kannst es ändern."
„Kann ich das?" Mir entfuhr ein Geräusch, das wie eine Mischung klang aus „Pfff" und einem zweifelnden „Hmpf". „Ich weiß nicht. Ich bin keine 17 mehr und habe die Zukunft noch vor mir. Ich habe einen Job, eine Stelle, für die ich Verantwortung habe. Ich habe eine Wohnung, deren Miete ich zahlen muss. Und Michael das Versprechen gegeben, dass wir heiraten, und dann habe ich irgendwie zugestimmt, dass wir nach Stuttgart gehen. Es fühlte sich in dem Moment schon merkwürdig an. Aber ich konnte es nicht greifen, nicht in Worte fassen. Irgendwie erschien es mir logisch, folgerichtig."
„Was war folgerichtig? Wofür?"
„Na, dass wir heiraten und dass wir dann gemeinsam nach Stuttgart gehen. Das macht man doch so, oder? Einer der Partner hat ein mega Stellenangebot, das die finanzielle Existenz sichert, also gibt man schwebenden Herzens alles auf und eilt mit dem Geliebten in die Ferne. So gehen doch die Märchen, oder?"
„Vielleicht. Es ist zumindest eine der vielen Möglichkeiten. Viele Menschen, meistens Frauen, interpretieren ihre Wirklichkeit auf diese Weise, und übersehen dabei allerdings schnell, dass es unendlich viele Variationen gäbe, und dass so eine Entscheidung nicht zwangsläufig in rosaroten Wolken endet. Sie geben so

viel auf für dieses Bild: ihre finanzielle Freiheit durch Steuerklasse 5, ihre beruflichen Ambitionen durch Teilzeitstellen, ihren Namen und nicht selten ihre Heimat und damit ihr Netzwerk. Aber reden wir von dir. Wie geht deine Wirklichkeit?"

„Keine Ahnung. Wenn ich das wüsste, säß ich jetzt nicht hier. Dann hätte ich klarere Entscheidungen getroffen, mehr von mir selbst gelebt. Mich getraut, meine Gedanken und Vorstellungen zu formulieren, auszusprechen. Zu mir und meinen Gefühlen gestanden. Aber vielleicht rede ich mir das alles auch nur ein. Vielleicht kann ich nicht wertschätzen, was in meinem Leben ist, und habe eine zerstörerische Seite in mir, die sich gerade Bahn bricht."

„Klingt spannend. Glaube ich aber nicht. Du erscheinst mir, ehrlich gesagt, nicht wie ein zerstörerischer Mensch." Kurz schwiegen wir beide, hielten uns an unseren Teegläsern fest. Ich hatte ganz vergessen zu trinken, und inzwischen hatte mein Tee eine eher lauwarme Temperatur angenommen.

„Das Leben ist keine Einbahnstraße, Tanja. Es gibt immer ein Zurück, Abzweigungen, manchmal auch Umwege. Nichts von dem, was du bislang gelebt hast, war falsch. Es war eine Möglichkeit. Eine von ganz vielen", nahm Friederike schließlich den Faden unseres Gesprächs wieder auf.

„Aber ich kann nicht mehr zurück. Ich kann doch jetzt nicht sagen: `Ätsch, hab mich geirrt, sorry!´", regte ich mich auf.

„Warum nicht? Wenn es deiner Wahrheit näherkommt, als den Weg weiterzugehen, den du eingeschlagen hast. Gut, okay, du könntest es sicher etwas netter formulieren", Friederike zwinkerte mir zu, „aber glaube mir, es ist keine Frage der Formulierung. Es ist eine Entscheidung. Deine Entscheidung. Dein Leben."

„Aber, Friederike! Wie stehe ich denn dann da?! Ich bin das letzte Arschloch! Ich zerstöre sein Leben! Und das meiner Familie gleich mit!“ Ich geriet wieder in Aufregung. „Das kann ich nicht machen! Ich bin keine 5 mehr, und es geht nicht um die Wahl von Sandkastenförmchen. Es geht um meine, um unsere Existenz! `Ach, der Kleinen passt das grüne Förmchen nicht. Na, dann nimm dir doch ein anderes. Das passt dir auch nicht? Nicht schlimm, dann geh halt schaukeln!´“ Ich hatte wieder begonnen, im Zimmer auf und ab zu gehen. „Es geht um wichtigere Dinge und darum, auch mal was auszuhalten, was durchzustehen, füreinander da zu sein.“
„Das Leben aushalten, es durchstehen. Klingt hart. Aber ja, das ist eine mögliche Sichtweise. Und wenn sich diese Sichtweise für dich richtig anfühlt, dann ist doch alles gut. Aber es ist nicht die einzige.“
„Das klingt nicht hart! Das ist doch romantisch, oder nicht?! Füreinander da sein, für den anderen etwas aushalten. So macht man das doch?“ Mit jedem Wort klang meine Stimme hysterischer.
„Aber wie machst du es? Du, Tanja?“
Ich hielt inne, blieb stehen, dachte nach. Ich ließ Friederikes Frage in mir nachschwingen, lauschte auf eine Antwort. Irgendwo tief in mir ahnte ich die Antwort, doch noch getraute ich mich nicht, sie wahrzunehmen, geschweige denn, sie in Worte zu fassen und diese auch noch laut auszusprechen. Ich setzte meinen Weg durchs Zimmer fort, ohne zu antworten.
„Ich weiß nicht, ob dir dieser Gedanke hilft, Tanja. Aber mir fällt auf, dass wir Menschen uns kein Scheitern erlauben. Oft noch bevor wir losgehen oder etwas tun, vorher bereits winken wir ab, weil wir ja scheitern könnten. Und wenn wir eine Richtung eingeschlagen haben, verteidigen wir sie oft vehement, rechtfertigen uns, obwohl wir uns schon längst selbst

nicht mehr sicher über unsere Richtung sind. Aber das können wir nicht zugeben. Denn das wäre gleichbedeutend mit Scheitern. Und das dürfen wir nicht. Wir haben Angst, als unglaubwürdig dazustehen oder als kindisch oder als dumm und naiv, wir haben Angst, verurteilt zu werden.

Aber es gibt kein Scheitern, Tanja. Es gibt im Leben kein Scheitern. Das Leben ist wie ein Labyrinth, es gibt kein One-way-Ticket. Das Leben ist und darf bunt sein! Wir dürfen bunt sein! Wer das versteht, der wird wirklich lebendig. Und dafür sind wir doch hier, oder? Um lebendig zu sein? Um uns und das Leben zu spüren, um zu leben, ja, auch mal etwas zu wagen, auszuprobieren und uns neu zu entscheiden. Ist das unbequem und anstrengend? Auf jeden Fall! Aber es ist ehrlich, authentisch und echt.

Wir dürfen dem Fluss des Lebens vertrauen, ihm zuhören und mit ihm fließen, wir dürfen die Dinge verändern, statt uns zu verbiegen und unglücklich zu sein, wir dürfen uns immer wieder neu entscheiden. Das Leben ist mehr als nur Aushalten und stilles Ertragen oder Abwarten.

Und es heißt doch nicht, dass das Alte falsch war! Es war zu dem Zeitpunkt als wir uns dafür entschieden haben mit all unserem Wissen und dem, was uns bis dahin ausmachte, absolut richtig. Wenn wir es nun anders machen, heißt das doch nicht, dass das Alte, das andere, falsch war. Wir erlauben uns, mit dem Leben mitzuwachsen. Leben ist Veränderung. Du brauchst nur aus dem Fenster zu schauen, die Natur macht es uns so grandios vor. Wenn wir so leben, gibt es kein Scheitern, keine Fehler. Es gibt nur Lernen und Möglichkeiten, viele Möglichkeiten."

„Aber so werde ich unberechenbar, unzuverlässig."

„Aber das Leben ist unberechenbar, Tanja! Wer es berechnen und sichern möchte, der ist schon tot,

bevor er es wirklich ist. Es gibt keine Versicherung fürs Leben! Wir müssen uns nicht ein einziges Mal entscheiden und dann nie wieder. Wenn du ehrlich und authentisch bist, bist du einfach du, Tanja. Alles andere sind Ausreden. Sperr dich nicht ein, Tanja. Sperr das Leben nicht ein."
Während Friederikes Worten hatte ich mich wieder zu ihr an den Tisch gesetzt. Nun trank ich meinen Tee in einem Zug aus, stellte klirrend die Tasse ab und stützte dann meinen Kopf in meine Hände.
„Ich mache dir einen Vorschlag", brach Friederike unser Schweigen. „Du machst dich frisch, atmest dann ein paarmal an der frischen Luft durch. Und dann erzähle ich dir das, was ich dir den ganzen Tag schon erzählen wollte. Was du tun kannst, um lebendiger und wacher zu sein. Dann gebe ich dir etwas zu lesen – eine Art Anleitung zum Lebendigsein. Und wenn ich fertig bin und du gelesen hast, kannst du entscheiden, ob du das, was du erfahren hast, auf dich und dein Leben anwenden kannst, ob es zu dir passt oder nicht. Was meinst du?"
Ich nickte stumm. Ja, mich frisch machen, das würde mir jetzt sicher guttun. Friederike zeigte mir, wo das Bad war, und ich ließ mich darin an der verschlossenen Tür langsam zu Boden gleiten.

Als ich erfrischt und beruhigt aus dem Bad kam, fand ich Friederike in der Küche vor. Offensichtlich hatte Silvia, die Eigentümerin der Wohnung, eine Vorliebe für klare, leuchtende Farben. Die Küche strahlte mir in einem leuchtenden Gelb entgegen. Friederike bereitete neues Teewasser zu, füllte die Keksschale auf und gemeinsam trugen wir die Sachen ins Wohnzimmer. Diesmal nahmen wir auf dem gemütlichen Sofa Platz. Es war ein gleichschenkliges Ecksofa und jede von uns setzte sich auf eine der Seiten. Ich sank ein und nahm mir ein Kissen in den Arm. Ich brauchte das jetzt. Es war ein anstrengender Tag gewesen. Und diese kleine Geste des Kissenfesthaltens gab mir etwas Trost und ich fühlte mich geborgen. War das lächerlich? Vielleicht. Aber mir war danach. Nachdem wir uns Tee aufgegossen hatten, lehnte ich mich bequem zurück und wartete, dass Friederike begann.

„Danke, dass du dir meine Gedanken anhörst. Wir sind heute zusammen ein paar Umwege gegangen. Meine Ideen sind eigentlich ganz einfach. Du wirst es später hören. Und doch bin ich froh, dass wir nun auf einem stabilen Fundament stehen und über die Dinge sprechen können. Ich bitte dich, dir meine Gedanken einfach erst mal nur anzuhören und dir dann meinen Text noch durchzulesen. Sei offen, sei neu, mach dich leer. Leer von allen bisherigen Urteilen und Erwartungen. Einige meiner Gedanken werden dir vielleicht bekannt sein, andere neu, einige werden deiner Denk- und Lebensweise näher sein als andere. All das ist völlig in Ordnung. Und ich bitte dich, es einfach erst einmal so hinzunehmen.

Nimm meine Gedanken und meinen Text mit dir und lass sie ein paar Tage auf dich wirken und etwas in dir arbeiten. Gewinne Abstand zu mir und diesem Tag heute. Und dann probiere sie für dich aus. Vielleicht fängst du ganz langsam an und suchst dir etwas aus, womit du in die Umsetzung gehen kannst. Als Tipp: Beginne mit dem, was dir am unbequemsten, am schwierigsten erscheint. Deine Neugierde und deine Offenheit werden dir hier sicher helfen können. Meist liegt da, wo es uns am stärksten drückt, der größte Schatz hinter, und die Wirkung auf dich und dein Leben ist am buntesten, am stärksten, und du wirst am meisten wachsen können. Wenn dir etwas

nicht verständlich erscheint, lehne es nicht direkt ab, auch wenn sich innerlich vielleicht Protest regt. Lass es erst mal stehen und ruhen. Vielleicht kannst du zu einem späteren Zeitpunkt darauf zurückkommen und dann mehr damit anfangen. Unser Leben ist ständig in Bewegung. Und zu unterschiedlichen Zeitpunkten nehmen wir anderes wahr, brauchen anderes und können anderes annehmen. Vorausgesetzt, wir bewahren uns eine gewisse Neugierde und Offenheit. Du kennst das vielleicht, wenn du ein Buch häufiger liest und du jedes Mal etwas anderes drin entdeckst. Was wir beim ersten Mal nicht verstehen, ist deswegen ja noch lange nicht schlecht oder falsch. Manches braucht einfach Zeit.
Und ganz wichtig: Mache alle Gedanken zu deinen Gedanken. Hier das sind meine. Vielleicht kommst du auf andere Antworten. Wichtig ist ja nur, dass wir uns die Dinge mal ansehen und hinterfragen. Natürlich können unsere Antworten unterschiedlich ausfallen. Meine Gedanken können zum Nachdenken anregen. Und wenn sie das tun, ist das so viel, viel mehr wünsche ich mir nicht. Nimm sie mit dir, trage sie ein bisschen herum. Vielleicht kannst du auch mit anderen Menschen über sie ins Gespräch kommen. Und irgendwann wirst du deine eigenen Antworten haben. Bleibe nicht stehen und ruhe dich auf deinen Antworten aus. Das tu ich auch nicht. Ich bin immer weiter auf der Suche und lese viel. Zum Beispiel Bücher von großen Denkern, Biographien großer Persönlichkeiten. All das inspiriert mich, immer weiter meinen Weg zu gehen und nicht stehenzubleiben. Wenn wir stehenbleiben, fangen wir wieder an, uns mit unseren Antworten zu identifizieren. Und wenn wir uns identifizieren, ist der nächste Schritt Verteidigung und dann sind wir wieder im Krieg. Sieh alles wie einen Fluss an – es fließt immer weiter. Und was du heute

denkst und morgen anders denkst, war deswegen heute nicht falsch.

Und damit sind wir bereits mittendrin in meinen Ideen. Dass wir Menschen dazu neigen, vorschnell zu urteilen, uns die Welt in wahr – falsch, schwarz – weiß, normal – krank aufzuteilen. Deswegen trauen wir uns auch nicht, Fehler zu machen oder etwas neu zu überdenken. Wenn wir heute \`schwarz´ sagen, können wir schließlich morgen nicht \`weiß´ sagen, denn wir haben \`weiß´ ja für falsch gehalten und machen uns nun unglaubwürdig und unbeständig. So bleiben wir fest in unseren Schienen haften, ob wir damit glücklich werden oder nicht, ob sie uns guttun oder nicht. Ein einmal gefälltes Urteil, auch über uns selbst, klebt fest.
Aber ist es nicht gerade das Wunderbare am Menschsein, dass wir voller Macken sein dürfen?! Bunt und verrückt? Dass wir uns irren dürfen? Uns verändern können? Sind nicht genau auf diesem Nährboden die tollsten Erfindungen, Geschichten und Ideen erwachsen? Es gibt nicht wenige große Künstler, die sich regelmäßig neu erfinden. War das Alte deswegen falsch? Nein. Es war genau richtig, genau wie das Neue genau richtig ist. Und hierbei gibt es für mich keinen Widerspruch. Der Fluss fließt, die Blume wächst jedes Jahr neu. Es gibt einen großen, sehr großen Stolperstein im Leben von uns Menschen. Und das ist unser Hang zum Perfektionismus. Das ist unser größter Feind, unsere größte Schwäche. Perfektionismus lähmt uns und bremst uns aus, meist noch bevor wir losgegangen sind. Wir wollen den perfekten Job, den perfekten Partner, die perfekte Wohnung, natürlich immer aufgeräumt und jederzeit vorzeigbar, an uns selbst optimieren wir lebenslang herum, fallen

unsere Kinder hier und da aus der Norm, laufen wir rot an, die Liste ist unendlich. Und sicher auch sehr individuell. Jeder spielt sein ganz eigenes Spiel im Perfektsein. Der eine will das perfekte Essen auf den Tisch zaubern, die andere stets wie aus dem Katalog gekleidet sein, der nächste eine schier sterile Wohnung oder Singen nicht ohne Gesangsstunden, Sport nicht ohne Personal Coach. Viele sind auf der Suche nach dem perfekten Leben, eine Art Vorzeigeleben – heile Familie, gutes Einkommen, soziales Engagement und perfektes Aussehen. Wie in so mancher Vorabendserie oder amerikanischen Sitcom. Wir denken, Perfektion schützt uns vor Blamage, vor Urteilen, vor Enttäuschung oder vor Ärger. Letztlich jedoch hält sie uns vom Leben ab. Denn sie erlaubt uns nicht, frei zu sein, Dinge einfach mal auszuprobieren, Neues zu entdecken. Sie macht uns abhängig vom Urteil, das ich selbst mal über die Dinge gefällt habe oder das ich von anderen befürchte oder haben will. Wir trauen uns nicht loszugehen, neue Wege einzuschlagen, wenn wir nicht absolut fertig sind. Doch mal ehrlich: das sind wir nie! Ich kann nicht mit Mitte 20 über die Lebenserfahrung verfügen, über die ich mit Mitte 40 verfügen werde, mit Mitte 40 nicht über meine Sichtweisen, die ich mit Mitte 60 haben werde. Und wenn ich dann schließlich Mitte 60 bin, traue ich mich auch nicht mehr loszugehen, weil ich ja jetzt zu alt bin. All das sind Urteile, all das sind Bremsen. Wenn wir darauf warten, perfekt zu sein, dann wird unser Leben nur aus Warten bestehen. Aus „wenn-dann"-Bedingungen. Lieber gehen wir gar nicht los als mit dem Gefühl, unfertig zu sein. Wir laden keinen Besuch ein, weil wir unsere Wohnung für nicht vorzeigbar halten. Wir bewerben uns nicht auf die neue Stelle, weil wir glauben, nicht genug Fertigkeiten mitzubringen. Wir schieben so vieles auf. Erst wenn..., dann. Aber das Leben ist doch jetzt. Ob es ein Dann geben wird und ob es so sein wird, wie wir uns das heute vorstellen, wissen wir nicht.

Das Leben bietet so viele Steilvorlagen, die wir nicht wahrnehmen oder missachten, nur weil sie nicht in unser aktuelles Konzept zu passen scheinen. Wir haben so viel Angst – vor Fehlern, vor Scheitern, vor Blamage, vorm Unperfektsein. Also bleiben wir stehen und warten und schimpfen. Auf alles und jeden um uns herum, die es scheinbar besser haben als wir oder die uns unsere Chancen und Möglichkeiten nicht gönnen oder kaputt machen. Dabei sind wir selbst es, die es ändern können, und nur wir. Wir brauchen es nur zu tun.
Ist es wirklich so einfach, Dinge zu ändern? Brauchen wir es wirklich einfach nur tun? Jein. Eigentlich ja. Doch da sind diese fetten, klebrigen Gedankenmuster in uns, die wir mehr oder weniger wahrnehmen, die uns mehr oder weniger bewusst sind. Auch hier können wir natürlich schimpfen und mit dem Finger drauf zeigen: `Siehst du? Ich kann nicht anders! So habe ich es nun mal gelernt und schon immer gemacht.´ Wir können auf unsere ach so schwierige und komplizierte Vergangenheit verweisen und uns hinter unseren Prägungen verstecken. Aber ich frage dich: was nützt uns das denn? Wir sind es, die da verklebt herumstehen und nicht weiterleben. Na, meine Güte, dann holen wir uns halt Schrammen und Beulen bei unseren ersten Gehversuchen – na und?! Haben wir nicht alle mal mühsam Laufen oder Fahrradfahren gelernt? Sind wir dabei nicht auch ständig hingefallen?
Es wird Zeit, Verantwortung für uns und unser Tun und unsere Gedanken zu übernehmen. Ich bin für mich verantwortlich – nicht meine Vergangenheit,

meine Eltern, meine Erziehung, die Politik, die Kirche, mein Umfeld, mein Partner, meine Familie, mein Job oder die Zeit, in der ich lebe oder aufgewachsen bin. Ich bin jetzt und hier für meine Taten und Gedanken verantwortlich, auch für meine Unterlassungen. Wenn ich das verstehe, bin ich frei. Frei, die Dinge zu tun und zu erleben, die ich wirklich will, die mir guttun. Mein Leben kann wunderbar werden – mit allen Macken und Kanten. Ja, auch mit allen Konsequenzen. Weil hinter allem ich stehe: ich stehe hier so verrückt und bunt und vielfältig, wie ich bin. Sieh dich an. So bist du heute und jetzt. In deiner vollen Lebendigkeit, Einzigartigkeit und Fehlerhaftigkeit. Das alles bist du und noch viel mehr.
Und die erste Person, die das glauben und annehmen und akzeptieren darf, bist du selbst."

Friederike griff in ihre Tasche und holte ein Notizbuch hervor. Es war schlicht, schwarz und hatte ein Gummiband, das es geschlossen hielt. Sie öffnete es und gab es mir: „Nun lies in Ruhe."

Anleitung zum Lebendigsein
-mehr von dir in deinem Leben-

von Friederike M.

Aufgeschrieben auf meinen vielen Reisen, über
15 Jahre lang gesammelt und ausprobiert und
hier nun für dich zusammengestellt

Wie funktioniert dieses Buch?

Zunächst lies dir aufmerksam die allgemeinen Ideen durch, von denen ich überzeugt bin, dass ein lebendiges Leben sie braucht und sie es ermöglichen.

Anschließend habe ich meine Ideen in 7 Abschnitte unterteilt – Lektionen 1 bis 7. In diesen Lektionen findest du auch Übungen und Aufgaben, die du für mehr Lebendigkeit, für mehr Freiheit, für mehr Freude, für mehr Du in deinem Leben gerne ausprobieren und umsetzen kannst.

Und schließlich gebe ich noch einen kleinen Ausblick, wie wir mit unseren Kindern umgehen können, damit sie zu mutigen, selbstbestimmten, authentischen und glücklichen Erwachsenen werden können. Nun viel Spaß mit meinen Aufzeichnungen.

PS: Eine Bitte: Denke weiter! Lass mich wissen, wie du weitergedacht hast! Auf welche Antworten und Ideen bist du gekommen? Ich freue mich auf deine Inspirationen!

Basis-Ideen für ein lebendiges, authentisches und unabhängiges Leben:

1) Achte deine Grundbedürfnisse

Bevor du dich fragst, ob mit dir alles in Ordnung ist,
bevor du über Krankheit oder Gesundsein urteilst,
bevor du dein Leben umkrempelst oder neu erfindest,
bevor du, was weiß ich für Verrenkungen unternimmst, um dich wohlzufühlen:

Achte auf deine Grundbedürfnisse!
Hast du ausreichend getrunken?
Hast du ausreichend geschlafen?
Hast du dich ausreichend an der frischen Luft bewegt?
Ernährst du dich gesund?

All das ist so einfach und doch das, was wir in unserem überfüllten, wuseligen Alltag als Erstes vernachlässigen. Mehr zu den Grundbedürfnissen findest du weiter unten in meiner ersten Lektion.

2) Folge der Freude
Macht dir das, was du tust, Freude?
Wenn nein: Warum tust du es dann?

Macht dir dein `Warum´ Freude? Erfüllt es dich?
Frage dich: Was kann ich tun, um mehr Freude in meinem Leben zu empfinden?
Und: Was kann ich tun, damit es jetzt leichter für mich ist?

3) Wie du mehr Freude in dein Leben ziehst
Wo auch immer du heute in deinem Leben stehst, bring mehr Freude in dein Leben. Freude eröffnet Möglichkeiten, Freude inspiriert, Freude bringt Schwung und Leichtigkeit ins Leben.

Höre dir deine Lieblingsmusik an – achte auf die Texte! Suche dir Lieder aus, die voller Lebensenergie sind. Hier eine kleine Auswahl von Songs, mit denen ich immer meine Lebensgeister wecke – egal wie schwierig mir meine Situation auch gerade erscheinen mag.

Diese Liste habe ich auf Spotify zusammengestellt (inzwischen sind es über 50 Lieder) und höre sie täglich rauf und runter – denn Freude kann ich nicht genug haben:

- Katrina & The Waves – Walking on Sunshine
- Pharrell Williams – Happy
- Jason Mraz – Look for the good
- Sarah Connor – Hör auf deinen Bauch
- Queen – We are the champions
- Gloria Gaynor – I am what I am
- Roxette – Dressed for success
- Vicky Leandros – Ich liebe das Leben

Und dabei darf natürlich wild getanzt werden! Tanzen ist Lebendigkeit und Lebenslust pur! Da gibt es kein Richtig oder Falsch! Und wenn sich in deinem Leben gerade nichts bewegt, dann beweg du dich!

4) Dankbarkeit und Wertschätzung
Dankbar zu sein für das, was ist, ist eine der größten Energiequellen! Mit Dankbarkeit meine ich nicht stilles Zufriedensein, keinen Stillstand oder gar Resignation. Nach dem Motto: „Sei doch mal zufrieden."

Dankbarkeit ist so viel mehr als das. Dankbarkeit schätzt wert, was dir das Leben bereits geschenkt hat. Und auf dieser Basis kannst du weiter nach vorne schauen. Dein Blick ist auf Schönes, auf Gutes, auf Glückliches gerichtet. Und das erfüllt dich mit genau dem – mit Glück und Freude und Wertschätzung.

Wenn wir nur darauf schauen, was wir (noch) nicht haben, spüren wir Wut, Angst und Trauer. Und daraus entsteht nun wirklich nur ganz selten Glück und Grund für Dankbarkeit.

5) Erlaube dir Träume, erlaube dir Groß!
Was willst du wirklich? WILL ich das? Will ICH das? Will ich DAS? Und frage dich bei den Dingen, die du tust, und den Dingen, die du denkst:

Will ich das wirklich? Wie will ich es haben? Und was kann ich hier und heute dafür tun, um meinem Wunsch näherzukommen?

6) Entspannung – finde deine Balance
Entspannung ist mehr als nur eine Methode oder Technik. Sie ist eine Haltung dir selbst und dem Leben gegenüber. Sie bringt dich in Balance zwischen Ruhe und Power, zwischen Aktivität und Kontemplation.

Sie kann dir helfen, all die genannten und noch kommenden Punkte umzusetzen. Der eigene Energietopf darf immer gut gefüllt sein, dann kannst du geben. Entspannung füllt deinen Topf. Entspannung ist sehr individuell.

Was entspannt dich? Finde deine eigene Entspannung! Kreativität – Yoga – Autogenes Training – Meditation – Musik – Tanz – Schwimmen – Walking – all das kann Entspannung sein. Entspannend ist das, was dir keinen Druck macht, was dich Zeit und Raum vergessen lässt, wo du eintauchen und durchatmen kannst.

Meine 7 Lektionen für ein lebendigeres, authentischeres und selbstbestimmtes Leben

Lektion 1

Gehe sanft mit dir um, sorge gut für dich
Das Leben verlangt oft viel von uns – für viele ist bereits der normale Alltag vollgestopft und unübersichtlich. In Umbruchphasen, unter besonderen Anforderungen oder in Veränderungsprozessen brauchen wir extrem viel Energie. Wir sind oft müde und fühlen uns erschöpft. Wir brauchen aber nicht erst bis zum nächsten Wochenende oder Urlaub zu warten, um uns gut und erholt zu fühlen. Unser Alltag ist gefüllt mit Energiefressern und Möglichkeiten, unsere Energiereserven wieder aufzufüllen.

Voraussetzung ist, dass wir ehrlich mit uns sind und genau hinspüren, was wir brauchen und was uns guttut. Und dass wir uns das dann auch erlauben zu tun.

Frag dich immer: Was tut mir jetzt gut?

Was brauche ich jetzt, um mich gestärkt und gut zu fühlen? Warte nicht auf chronische Erschöpfung – erlaube dir jetzt bereits, lebendig und wach zu sein.

Wie sieht es mit deinen Schlafgewohnheiten aus? Schläfst du ausreichend? Wir brauchen, um wirklich fit und erholt zu sein, mindestens 8 Stunden Schlaf! Oft sparen wir hier als Erstes, wenn wir denken, Stress und Zeitmangel erlauben uns nicht, früh ins Bett zu gehen.

Probiere es aus: Mache die nächsten 14 Tage nichts Anstrengendes mehr nach dem Abendessen, schalte Handy, Computer und Fernseher aus. Gehe um 22 Uhr ins Bett und schlafe gegen 22:30 Uhr ein. Immer zur selben Zeit. Und dann beobachte, wie du dich nach 14 Tagen fühlst – was hat sich verändert? Was war schwierig in dieser Zeit? Was lässt sich noch optimieren, um wirklich immer pünktlich ins Bett zu kommen?

Schlafhygiene ist die absolute Entspannungsbasis. Ohne sie brauchst du nicht weiter über Entspannung oder Erholung nachzudenken. Fange beim Thema Schlaf an!

Auch die Themen Essen und Trinken stehen an oberster Stelle, bevor du wild dein Leben umkrempelst oder zu Ärzten und Therapeuten rennst.

Trinke täglich mindestens 2 Liter Wasser oder ungesüßten Tee, esse mindestens fünfmal frisches Obst und Gemüse am Tag, esse nicht zu schwer und zu fettreich, koche frisch und selbst – du wirst sehen, das macht Spaß! Mein Lieblingsfrühstück besteht zum Beispiel aus:

250 g Magerquark, angerührt mit einem Teelöffel Honig, einem Spritzer Zitronensaft, einem Esslöffel Haferflocken und mindestens zwei Obstsorten wie Banane und Birne oder Erdbeeren – herrlich!

Wenn du das mindestens 14 Tage beherzigt hast, dann schau, wie es dir nun geht und was sich verändert hat.

Nimm dir jeden Tag Zeit für Bewegung – am besten an der frischen Luft. Schlechtes Wetter gibt es nicht. Geh spazieren, mache leichte Workouts oder Yoga, gehe ins Schwimmbad oder in den Wald. Auch hier wieder 14 Tage lang umsetzen, dann sehen, was passiert.

Achte auf deinen Körper – er hat mehr verdient, als nur mal schnell morgens und abends gewaschen zu werden. Pflege ihn! Creme ihn ein! Suche dir Düfte aus, die du liebst! Kümmere dich um deinen Körper, er tut so viel für dich. Meckere nicht über ihn, sei gut zu ihm.

Lektion 2

Dein inneres Navi ausrichten

Was ist dein großes Ziel, dein magisches Ziel? Wovon träumst du? Was ist dein innigster Wunsch? Wie soll dein Leben aussehen? Wie willst du leben?

Was, wenn du die absolute freie Wahl hast: Du stehst vor einer großen, unbenutzten, weißen Leinwand. Was malst du? Alles ist möglich, alles ist erlaubt. Erlaube dir wieder, groß zu träumen – und wachse dann über dich hinaus. Große Träume geben deinem Leben eine Richtung und helfen dir bis in den Alltag hinein, Entscheidungen zu treffen.

Wie ein Kind, das Geheimagent werden will: es sieht sich heute bereits als Agent, es spielt Agent, es zieht sich an wie ein Agent und es bastelt und beschäftigt sich mit dem Thema Agent. Ein Kind kann noch groß träumen. Mit einem großen Ziel stärken wir die positiven Gefühle und Energien in uns und richten uns aus. Mit einem klaren Ziel – für jeden einzelnen Tag, fürs Leben – kann uns so schnell nichts und niemand mehr hineingrätschen.

Wenn du dich in dein Auto setzt und dem Navi kein Ziel, keine Richtung gibst, wirst du `irgendwie´ und `irgendwo´ ankommen. Zufälle bestimmen deinen Weg, äußere Begebenheiten. Gib deinem Navi eine klare Adresse und du kommst genau dahin, wo du hinwillst. Ist es so?

Schreibe deine Vision von deinem Leben auf! Erlaube dir alles! Schicke wenigstens für diesen Moment den inneren Kritiker in den Urlaub und schreib dir deine Topversion deines Lebens auf! Wie soll dein Leben aussehen, wie willst du leben? Wer oder was soll Teil deines Lebens sein? Wie sieht dein Wunschtag aus? Was isst du, wie sprichst du, was tust du an deinem schönsten Tag? Welche Menschen sind Teil dieses Tages? Wo befindest du dich an dem Tag? Was für Kleidung trägst du? Wie sieht deine Wohnung aus? Wo befindet sie sich? Und ganz wichtig: Was ist dein Warum? Warum willst du das? Was hält dein Feuer am Glühen? Was deine Motivation aufrecht?

Wofür würdest du dir an einem freien Tag den Wecker stellen?

Und nun schreibe eine Liste mit allen Dingen, die dir zu folgenden Fragen einfallen: Wie willst du sein? Was willst du können? Was willst du machen? Sei heute bereits das, was du sein willst! Was davon ist bereits heute möglich? Was davon kannst du bereits heute sein und umsetzen?

Lektion 3

Verbinde dich mit deinem Herzen
Unser Herz ist so viel größer, so viel unbegrenzter als unser Kopf. Unsere Köpfe sind voll mit alten Denkweisen, mit Aber und Wenn-dann, mit Bedingungen, Erwartungen und Urteilen. Hier rollen unsere Kugeln die immer gleichen Bahnen entlang. Doch dein Herz ist unendlich und frei – es hat keine Grenzen, kennt kein `man macht das so´ oder `so sollte es sein´. Es ist einfach. Es kennt deine Wahrheit, ist lebendig und echt.

Wenn du wieder deine Herzstimme hörst, wenn du lernst, wieder auf sie zu hören, dann bist du frei in dem, was du tust. Dann hörst du auf, dich zu begrenzen. Dann sprengst du die Ketten, an die dich dein Kopf bindet. Bevor dein Kopf sagen kann: „Nein, das macht man nicht!“ oder „Das geht doch nicht!“ oder „Das kannst du doch nicht machen, es wird nicht funktionieren.“ oder „Du wirst scheitern, es ist gefährlich.“, höre hin, was dein Herz dir sagt, nimm seine Impulse wahr und vertraue ihm.

Und dann: Tu es! Und der Weg wird sich vor dir auftun.

Und während du gehst und dein Kopf noch schreit: „Geht nicht!“, siehst du die Möglichkeiten und Chancen und feierst das bunte Leben.

Ich mache jeden Tag meine Herz-Meditation, in der ich in das Reich meines Herzens gehe und beobachte, was es mir zeigt. So lerne ich, wieder auf meine Herz-Stimme zu hören, und sie wird lauter und stärker. Herz-Entscheidungen fallen mir immer leichter. Meditation kann ein Schlüssel zu deinem Herzen sein.

Und eines Tages wirst du wieder die Stimme deines Herzens hören und das lachende Kind sehen, das fröhlich mit seinen Luftballons über die Wiese rennt!

Noch ein Tipp für ganz Mutige: Lass dieses Kind wieder ChefIn in deinem Leben sein! Dir wird nichts passieren – im Gegenteil! Der Erwachsene in dir darf ja AssistentIn sein – die Steuererklärung ausfüllen, das Auto fahren und allen organisatorischen Kram übernehmen. Er darf auch beraten. Aber vor allem darf er eins: dem Kind vertrauen!

Lektion 4

Übernimm Verantwortung

Wenn du mehr Lebendigkeit in deinem Leben haben, mehr von dir und deiner Wirklichkeit leben willst, unabhängiger und selbstbestimmter sein möchtest, wenn du wacher und voller Freude deinen Weg gehen möchtest, ist es wichtig und unerlässlich, dass du für dich, deine Handlungen und Gedanken und, ja, auch für deine Gefühle und ihre Folgen und Konsequenzen Verantwortung übernimmst. Wenn du die Verantwortung für dich und dein Leben hast, bist du nicht mehr in der Abhängigkeit des Wohlwollens und Beurteilens anderer. Du bist nicht mehr bloß ein Abbild deiner Vergangenheit oder Entscheidungen, nicht mehr bloß Ergebnis deines Umfelds oder Kontostands, nicht mehr dem Duktus von Mode, Politik oder gesellschaftlicher und familiärer Anerkennung unterworfen. Du bist frei. In aller Konsequenz. Es gibt dann niemanden mehr, der für dich den Kopf hinhält oder dem du Schuld zuschreiben oder andere Vorwürfe machen kannst.

Das heißt nicht, dass du alleine bist. Die, die dich wirklich und aufrichtig um deiner selbst willen lieben, werden es tun. Weil du bist, wie du bist. Nicht weil du etwas anderes vorgibst oder versuchst zu sein. Und das ist dann wirkliche Befreiung!

Die Maske darf fallen. Und glaub mir, das Leben ist dann viel weniger anstrengend! Weil du nicht behutsam immer aufpassen musst, was und wie du es von dir zeigst. Und nicht versuchen musst, eine Fassade aufrechtzuerhalten und in Schablonen zu passen.

Die Verantwortung für all das liegt bei dir. Verantwortung für dich und dein Leben zu übernehmen befreit. Dabei wirst du spüren, dass alles, was dich umgibt, alles, was du dir in deinem Leben aufgebaut hast, aber auch alles, was dir fehlt, dass alle Bedingungen, mit denen du dein Leben führst, ihre Ursache, ihre Quelle in dir haben. Du erschaffst dir deine Lebensbedingungen, wählst deine Maßstäbe, nach denen du urteilst, und die Menschen und Dinge, die dich umgeben, und die Bewertungen, mit denen du auf die Dinge reagierst, sind in dir. Du entscheidest und trägst Verantwortung für deine Gedanken und für das, was aus ihnen entsteht.
Denkst du häufig negativ und pessimistisch und verzagt, wird sich das in deinem Handeln widerspiegeln und entsprechende Folgen für dein Leben haben.
Andersherum ist es genauso: Denkst und fühlst du dich häufig dankbar, positiv und voller Freude, wird genau davon mehr in deinem Leben entstehen.

Probier es aus! Die Quelle für all das bist du. Und höre auf, Spielball von äußeren Bedingungen und Launen zu sein.

Nichts in dir oder um dich herum ist einfach Zufall oder da, um dich zu ärgern oder dir Stolpersteine in den Weg zu räumen. Das Leben ist für dich und du hast immer die Wahl. Die Wahl, `Stopp!´ zu sagen, Dinge zu verändern, neu anzufangen, anders zu machen und zu bewerten. Wenn du den Gedanken zulässt, dass du die Quelle von allem in deinem Leben bist, dann kannst du Verantwortung für dich und dein Leben übernehmen. Dann lässt du die Opferrolle und die Passivität hinter dir.

Ich habe mir eine wunderbare Meditation ausgedacht, um die Verantwortung für die Dinge wieder selbst zu übernehmen. Um Dinge, die ich von außen erwarte, wieder in mir zu suchen. Diese Meditation unterstützt mich jeden Tag.

Lektion 5

Ordne die Stimmen in deinem Kopf
Die stärksten Fäden, an denen wir hängen und die uns wie eine Marionette agieren lassen, sind unsere Gedankenmuster, die Glaubenssätze, die uns vor Ewigkeiten mal nützlich und sinnvoll unterstützt haben, nun aber in die Jahre gekommen und stark überholungsbedürftig sind.

Machen wir sie uns bewusst und untersuchen wir, ob sie wirklich noch zu uns und unserem heutigen Leben passen, stellen wir schnell fest, dass sie überholt und unpassend sind. Sie stehen uns nicht selten im Weg, machen unsere Entwicklung und unser eigenständiges Leben und Wachsen schier unmöglich. Natürlich gibt es auch positive, stärkende Glaubenssätze. Überzeugungen, die uns an uns und unsere Träume glauben lassen. Innere Stimmen sozusagen, die uns wissen lassen, wir sind liebenswert und kompetent.

Aus diesen Sätzen können wir viel Lebensfreude und Hoffnung ziehen. Und diese Art der Glaubenssätze gilt es zu bewahren und zu stärken.

Doch die anderen, die negativen Glaubenssätze grätschen in unseren Alltag hinein – in unsere Entscheidungen, unsere Urteile und unser Handeln.

Blitzartig fällen wir Urteile, lehnen Dinge ab, reagieren trotzig oder wütend oder ängstlich, ohne dies bewusst entschieden zu haben. Wir treiben uns zu immer mehr Leistung an, versuchen, um uns herum alle zu übertönen und zu überbieten. Wir häufen Dinge in unserem Leben an, als hinge tatsächlich unser Glück davon ab.

Nicht selten stehen wir vor den Auswirkungen und Folgen unserer Wut oder unserer Angst oder unserer Minderwertigkeit und wissen nicht, wie wir da eigentlich hingeraten sind. Der Marionettenspieler, namens Glaubenssatz, hat die Fäden gezogen und wir sind blind diesen Impulsen gefolgt. Impulse, die jedoch nicht aus unserem Herzen kommen und voll sind mit Liebe, Zuversicht, Vertrauen und Freude. Sondern Impulse, die voller Selbstzweifel sind, voller Ängste, Gier, Neid, Missgunst und Minderwertigkeitsgefühlen. Eine explosive Mischung. Und genauso sehen dann auch die Ergebnisse aus, die wir aus diesen Impulsen heraus agierend in unserem Leben erschaffen.

Weit verbreitet sind Sätze wie: \`Ich bin es nicht wert.´, \`Ich muss dich glücklich machen.´, \`Ich bin falsch / schlecht.´, \`Ich genüge nicht / bin nicht gut / klug / schön genug.´, \`Ich bin nicht wichtig.´ und viele, viele mehr.

Aus diesen Sätzen entstehen Verhaltensweisen, so wie wir sie mal als Kind für uns analysiert haben, so wie sie einst als Kind mal für uns zu funktionieren schienen.

Und hierbei sind grundsätzlich zwei Reaktionsweisen zu unterscheiden: Wir stimmen der Aussage des Glaubenssatzes zu und verhalten uns entsprechend oder wir versuchen ständig, das Gegenteil zu beweisen. Beides ist sehr anstrengend, und bei beiden Verhaltensweisen agieren wir nicht hier und jetzt, nicht als unabhängige, erwachsene Person. Wenn wir die Situation um uns so interpretiert und für uns gelöst haben, dass wir nicht wichtig sind, werden wir uns schwertun, unsere Bedürfnisse und Wünsche wahrzunehmen oder gar zu äußern. Wir stellen uns hinten an. Oder das Gegenteil, nach dem Motto: `Jetzt erst recht, ich zeige dir schon, wie wichtig ich bin!´, und setzen uns auch noch in den unpassendsten Momenten durch. Oder wenn wir das Gefühl hatten, nicht zu genügen, werden wir versuchen, immer mehr zu leisten, und Schwächen nicht gelten lassen. Oder Projekte von Anfang an gar nicht erst anpacken, weil wir davon überzeugt sind, eh zu scheiten. Oder wir wollten als Kind unseren Eltern nicht noch zusätzliche Mühe machen, weil wir mitbekamen, dass sie arge Lasten zu tragen hatten. Ein Kind kann das sehr persönlich nehmen und wird sich entsprechend verhalten:

besonders leise und vorsichtig, um möglichst wenig vermeintlich negativ aufzufallen. Oder als Clown, um für Aufmunterung zu sorgen.

Wie auch immer die Überzeugungen und Denkmuster in uns lauten und wie auch immer sie in uns entstanden und welche Schlüsse wir daraus zogen – eins gilt für alle: Sie sind heute nicht mehr gültig und sie entsprechen nicht der Wirklichkeit. Sie sind nur eine Interpretation, die wir mangels Wissen und Erfahrung und Objektivität als Kind machten. Und noch eins haben sie alle gemeinsam: Sie wirken groß und mächtig, und wir nehmen sie als gegeben hin, als unumstößliche Wahrheit und Wirklichkeit, gar als Charaktereigenschaft. Sie wirken aus dem Verborgenen und sind uns so in Fleisch und Blut übergegangen, dass wir sie erst wahrnehmen, wenn wir vor den Ergebnissen unserer Handlungen und Denkweisen stehen.

Erst wenn unsere x-te Beziehung in die Brüche geht und unsere Beziehungen irgendwie immer an denselben Stellen zerbrechen; erst wenn die Konflikte zwischen unserem Umfeld und uns kaum noch erträglich sind; erst wenn wir vor dem Burnout stehen und nicht aufhören können, uns anzutreiben; erst wenn wir vor einem Berg Schulden stehen, weil wir nicht aufhören können, Besitz anzuhäufen; erst wenn wir unser Umfeld mehr und mehr vergrault haben aufgrund unserer Negativität oder unserer Spitzzüngigkeit; erst wenn unsere Partner und wir uns nichts mehr zu sagen haben und wir beginnen, hinter unsere Gewohnheiten zu schauen; erst wenn wir chronisch unglücklich sind und unser Leben nichts mit unseren Träumen zu tun hat, erst dann ganz allmählich trauen wir uns, die Dinge zu hinterfragen und hinter unsere eigene Fassade zu schauen.

Eins ist gewiss: Du kannst heute, hier und jetzt mit einem Fingerschnips die Glaubenssätze oder die Macht, die diese inneren Überzeugungen auf dich haben, loswerden.

Es braucht dazu nicht viel. Du musst dich nur entscheiden: Ist das, was sie dir geben, so viel mehr wert als deine Wahrheit? Bist du bereit, sie loszulassen und zukünftig ohne Ausreden dir fette blaue Flecken beim Spiel namens `Leben´ zu holen? Was und wo wärst du ohne deine Glaubenssätze, ohne deine Angst, ohne deine Schuldgefühle, ohne deine einengenden Überzeugungen?

Und bitte: sei dir nicht böse! Du hast all die Jahre an die Sätze geglaubt, dein Leben auf sie gebaut und nach ihnen ausgerichtet, sie waren wie treue Berater an deiner Seite.

Daher verdienen sie Würdigung – und keine Peitsche. Lass sie gehen. Und sei dankbar, dass sie dir einst eine Stütze waren. Sei liebevoll zu dir und verurteile dich nicht. Schau sie dir an, sage „Danke." und lass sie gehen. Und übe diese Haltung geduldig jeden Tag.

Lektion 6

Finde Helfer in dir und deinen Glücksmodus
Hier finden wir sie: die guten, stärkenden Glaubenssätze! Denn wir sind so viel mehr als nur Angsthasen, Angeber, Dickschädel oder Querulanten. Wir haben nicht nur die negativen Denkmuster in uns. Wir tragen ebenso stärkende Überzeugungen mit uns. Momente, in denen wir vor Freude platzen könnten, neugierig voller Forscherdrang sind, uns wie Kinder über unsere Lieblingsschokolade hermachen und in der Badewanne mit dem Schaum spielen, uns überwinden, etwas Neues zu wagen, und mutig Entscheidungen treffen, all das sind Momente, in denen die andere Seite in uns die Oberhand gewinnt: die Herzseite.

In uns ist ein großer Teil, der Spaß und Freude erleben will, der neugierig ist, spontan und albern sein kann, der wachsen und erforschen will. Dieser Teil in uns liebt die schönen Dinge, den Genuss und die Leichtigkeit. Und es ist an uns, diesen Teil zu entdecken, ihm Raum zu geben, ihn zu stärken und uns jeden Tag aufs Neue für ihn zu entscheiden.

Du willst die große Rutsche auf dem Spielplatz mal ausprobieren? Dann mach es! Du willst einfach mal laut loslachen, ohne die Blicke anderer zu fürchten? Dann mach es! Du willst in die nächste große Pfütze springen? Dann mach es!

Mach es, bevor sich dein Kopf dazwischenwerfen kann. Was soll passieren? Lass dein Herz entscheiden! Seilchenhüpfen im Garten, Eisessen im Regen, Steine werfen in den Fluss und kannst du noch die Rolle vorwärts? Oder dein Lieblingslied im Radio laut mitsingen, ohne auf schiefe Töne zu achten? Rote Hose, rosa Shirt und orangene Jacke – geht nicht? Wer sagt das? Ungeschminkt und ungestylt zur Arbeit? Na, los! Geh in den Zoo, zum Zirkus, aufs Trampolin, auf den Spielplatz oder zur Eisdiele und kaufe dir dort Erdbeereis mit bunten Streuseln.

Nähre diesen Teil in dir, der das Leben ohne Wenn und Aber genießen will, der nicht verstehen wird, dass er erwachsen ist, und der nicht weiß, wer `man´ ist. Der einfach leben und lebendig sein will. Was katapultiert dich in deinen Glücksmodus? Was brauchst du, um dich ausgelassen und frei zu fühlen? Wobei empfindest du pure Freude und Genuss? Je mehr du diesen

Teil in dir nährst, desto stärker wird er. Und je stärker er wird, desto mehr wird er dir eine Unterstützung sein! Du wirst mutiger werden und mehr Lebensfreude spüren. Wir müssen uns nicht nur um das Unkraut in unserem Garten kümmern. Die schönen Pflanzen haben unsere Aufmerksamkeit verdient!

Welche positiven Sätze fallen dir zu dir ein? Schreibe spontan drei Sätze auf! Frage enge Freunde nach drei positiven Eigenschaften von dir! Welche positiven Sätze verbindest du mit deinem nahen Umfeld? Wer oder was hat dich in deiner Vergangenheit gestärkt? Wodurch? Füttere dich mit positiven Erinnerungen und Erfahrungen.

Und nehme dir in schwierigen Situationen innere Helfer mit, um deinen negativen Glaubenssätzen ein Schnippchen zu schlagen. Das können reale Personen aus deinem Leben oder der Öffentlichkeit sein, aber auch Figuren aus Film und Fernsehen. Charaktere aus Filmen, die wir bewundern und lieben, können gut eine Stütze für uns sein, wenn es darum geht, brenzlige, schwierige Situationen zu meistern.

Wenn ich weiß, es kommt eine Situation auf mich zu, in der meine negativen Glaubenssätze wieder voll zur Entfaltung kommen könnten, dann nehme ich mir Lorelei Gilmore mit aus der

Fernsehserie „Gilmore Girls“. Das stärkt mich, ich bin automatisch positiver geladen und agiere in der Situation weniger automatisch. Welchen inneren Helfer nimmst du dir mit?

Lektion 7

Was bist du dir wert?
Mache diese Frage zum Dreh- und Angelpunkt all deiner kleinen und großen Entscheidungen, Handlungen und Denkweisen in deinem Leben. Wie viel mehr wert bist du dir als mögliche Urteile anderer? Wie viel mehr wert sind dir deine Gesundheit, deine Zeit, dein Körper, deine Werte, deine Träume als all die Spielchen und Energiediebe in deinem Leben? Bist du es dir wert, „Stopp!“ zu sagen? Bist du es dir wert, „Nein!“ zu sagen? Bist du es dir wert, für dich und deine Träume und Werte einzustehen?

Ich predige hier nicht „Jeder ist sich selbst die Nächste“. Es geht nicht um Ignoranz oder Engstirnigkeit. Im Gegenteil. Nur wer fern von sich selbst ist, muss kämpfen; nur wer Angst hat, überhört zu werden, muss lauter schreien als die anderen. Es geht um Aufrichtigkeit und Verbundenheit, um Wertschätzung, und die beginnt bei jedem selbst.

Wer sich selbst wertschätzt, wer weiß, dass und was er wert ist, wer sanft mit sich und dem Leben umgeht, kann dies in gleicher Weise anderen geben. Wenn der eigene Topf leer ist, kann ich nichts geben. Selbstwert ist die Voraussetzung und die Basis, um deine Träume zu leben, Neues zu wagen und Grenzen zu überwinden.

Ein starkes Selbstwertgefühl hilft dir dabei, gut für dich zu sorgen und die Verantwortung dafür zu übernehmen, dass es dir gut geht. Und all das stärkt wieder deinen Selbstwert. Ein starker Selbstwert diskutiert nicht und sucht nicht nach Ausreden – er hört auf seine Herzstimme und handelt. Ein starker Selbstwert kann wertschätzen – sich und andere. Er kann den anderen so sein lassen, wie er ist, genau wie er sich selbst annimmt, wie er ist. Mit einem starken Selbstwert bist du geschützt vor Manipulation und manipulierst auch andere nicht.

Ein starker Selbstwert liebt, verzeiht, ist gütig, er verurteilt nicht. Er lässt dem anderen seine eigenen Entscheidungen und seine eigenen Fehler und Schwächen, so wie er sanft und liebevoll mit seinen eigenen umgeht. Ein starker Selbstwert lässt sich mutig aufs Leben ein. Ein starker Selbstwert ist voller Vertrauen aufs Leben, voller Glauben an das Große, an das Wunderbare, und ein starker Selbstwert sieht genau das in allen noch so kleinen Dingen.

Ein starker Selbstwert ist wie eine Art Kompass in deinem Leben: Was lässt du in dein Leben, womit verbringst du deine Zeit, wie willst du es haben, was bist du dir wert?

Siehe es ab heute als deine Pflicht an, dass es dir gut geht und du dein Leben genießt! Dafür braucht es keinen Anlass, keine Ausrede, keine Absolution von außen! Übernehme Verantwortung dafür, dass es dir gut geht! Sorge für Genuss: Tu öfter das, was dir guttut, was dir Freude bringt! Sei ganz bei der Sache, tauche ein, hier, jetzt, kein Gestern, kein Morgen, kein Außen. Was willst du heute noch tun, damit es dir gut geht?

Ausblick: Wie gehen wir mit unseren Kindern um?

Ich habe mir viele Gedanken über unseren Umgang mit unseren Kindern gemacht. Und mein Leben lang habe ich Kinder und ihre Familien beobachtet. Wie wirken sich unsere Versteckspiele, unsere meist unbewussten Denkmuster, unser eigener Umgang mit dem Leben auf unsere Kinder aus? Was stärkt sie? Was schwächt sie?

Ich bin Meisterin im Beobachten geworden – und alle meine gewonnenen Einsichten und Beobachtungen hier niederzuschreiben, sprengt den Rahmen. Ich schreibe sie in einem anderen Notizbüchlein auf. Hier jedoch meine wesentlichen Erkenntnisse. Denn, ja, ich habe Verantwortung für mich und jeder für sich. Doch ausgenommen hiervon sind unsere Kinder, für die ich als Erwachsene die Verantwortung übernehmen muss. Wenn ich will, dass unsere Kinder zu wertschätzenden, glücklichen, authentischen, selbstbestimmten und starken Erwachsenen werden, mit einem gesunden und stabilen Selbstwertgefühl, gibt es ein paar grundsätzliche Dinge zu beachten.

Die für mich persönlich wichtigsten Gedanken stelle ich hier kurz vor – ausführlicher im roten Notizbuch, siehe Wohnzimmerschrank rechts, neben den DVDs.

Handeln und reden wir unreflektiert aus eigenen Glaubenssätzen heraus (basierend auf Angst, Vermeidung, Bequemlichkeit, Minderwertigkeitsgefühlen, Geltungsdrang), bieten wir dem Kind kein Gegenüber, an dem es sich abarbeiten kann, auf das es sich verlassen und dem es vertrauen kann.

Wir handeln und reden irrational, unklar und sind nicht als starke, erwachsene Person wahrnehmbar. Wir bauen dem Kind ein Umfeld, in dem es funktionieren muss, ohne genau zu wissen, warum und wozu. Eine klare Meinung, die wir vertreten aus vollem Bewusstsein, aufgrund unserer Werte – auch eine für das Kind unbequeme, ist besser als Angsthandeln, das das Kind irrational einengt.

An einer Positionierung kann sich das Kind abarbeiten, es lernt zu diskutieren und selbst Position zu beziehen. Mit Angst oder anderen Emotionen, an denen klebrige Glaubenssätze hängen, lässt sich nicht diskutieren. Schon gar nicht gleichwertig auf Augenhöhe. Das ist wie Morast, über den es sich nur schwer klettern lässt. Erlebt uns das Kind als selbstbestimmte und handlungsfähige Menschen, die auch vermeintliche Stolpersteine und Schicksalsschläge zu nutzen wissen? Bieten wir dem Kind einen Rahmen, in dem es sich sicher ausprobieren kann, seine Träume verfolgen und so sein darf, wie es ist?

Darf das Kind seine oder muss es unsere Erwartungen erfüllen und leben? Sehen wir das Kind als eigenständige Person mit eigenen Entscheidungen, Werten und Wünschen und lassen es das auch so wissen und spüren?

Ich habe Erziehungsstile und familiäre Umgangsweisen beobachtet, die sich grob in vier Typen unterteilen lassen. Nur einer davon stärkt das Kind auf besondere Weise und unterstützt es dabei, ein selbstbestimmter, authentischer Erwachsener voller Selbstwert zu werden.

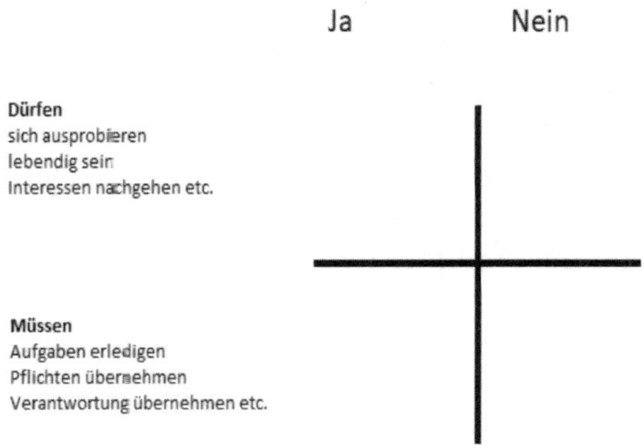

LINKS
Links stehen die Koordinaten `Dürfen´ und `Müssen´.

Dürfen: Das Kind darf so sein, wie es ist, seine Bedürfnisse werden ernst genommen, es darf sich ausprobieren, Fehler machen, lebendig sein, seinen Interessen nachgehen.

Müssen: Das Kind muss Verantwortungen und Pflichten übernehmen, es muss sich am familiären Alltag beteiligen und altersgemäße Aufgaben erledigen.

OBEN
Oben stehen die Koordinaten `**Ja**´ und `**Nein**´. Beide sind als grundsätzliche Tendenzen zu verstehen. Stehen Eltern und Erziehungsberechtigte grundsätzlich offen und wohlgesonnen den Bedürfnissen, Wünschen und Ansichten des Kindes gegenüber, darf es eigene Entscheidungen treffen, sich ausprobieren, als eigenständige Person mit eigenen Interessen lebendig sein.

Wird es aber auch bereits altersgemäß an Aufgaben herangeführt, übernimmt erste Verantwortungen und muss sich im familiären Alltag einbringen?

Der verwöhnte Erziehungsstil:
Dürfen ja / Müssen nein

Dem Kind werden alle Steine aus dem Weg geräumt, Aufgaben abgenommen. Es darf seine Bedürfnisse ausleben und erlebt nur wenige Einschränkungen.
Lernerfahrung: wenig Übungsmöglichkeiten, mit Enttäuschungen umzugehen und Verantwortung selbst zu übernehmen.

Der rigide Erziehungsstil:
Dürfen nein / Müssen ja

Das Kind wird bereits früh in die Pflicht genommen, sich einzubringen und Aufgaben zu übernehmen. `Erst die Pflicht, dann das Vergnügen.´ Bereits bevor es in die Pfütze springt, wird auf den entstehenden Schmutz hingewiesen. Jeder Spaß wird auf seinen Nutzen überprüft. `Wer A sagt, muss B sagen!´, `Durchhalten!´ – all das sind hier typische Parolen.
Lernerfahrung: Das Kind lernt nicht, seine eigenen Bedürfnisse und Grenzen zu achten. Es lernt nicht, dass das Leben auch Spaß machen darf und Genuss bereitet. Es powert sich aus und hält das für richtig und angemessen.

Der behütete Erziehungsstil:
Dürfen nein / Müssen nein

Das Kind wird in Watte gepackt und bekommt signalisiert: überall lauern Gefahren. `Beweg dich nur im kleinen Radius, flieg nicht zu hoch´. Kontrolle ist hier die sicherste Methode, um das Kind vor möglichen Gefahren und Enttäuschungen zu bewahren.
Lernerfahrung: Dem Kind wird signalisiert, dass ihm wenig zugetraut wird. Es entwickelt wenig Vertrauen in die eigenen Kompetenzen und eigenen Träume und Ziele.

Der stärkende Erziehungsstil:
Dürfen ja / Müssen ja

Hier ist er: der Stil, der das Kind in sein Potenzial führt, in seine Lebendigkeit und Eigenständigkeit. Das Kind probiert sich aus – im eigenen Denken, eigenen Entscheiden und eigenen Handeln. Es darf sich leben, muss aber auch seine Pflichten wahrnehmen.
Lernerfahrung: Um eigene Ziele zu erreichen, muss und kann ich selbst etwas tun. Das Leben ist kein Schlaraffenland, in dem ich nur die Hand ausstrecken muss, aber auch keine Betonwüste, in der ich verloren gehe. `Alles ist möglich, ich glaube an mich.´

Belächle Kinder nicht
Lass Kinder träumen
Lass dich auf ihre Sicht der Welt ein
Frag dein Kind, was ihm Spaß macht, was ihm wichtig ist, was es gerne hat
Lass deinem Kind seinen eigenen Kopf, seine eigenen Antworten und Ideen
Lass dein Kind leben
Lass dein Kind sich blaue Flecken holen, lass es ausprobieren

Beobachte dich:
Wie oft am Tag sagst du „nein“ zu deinem Kind?
Verdrehst die Augen?
Wie oft reagierst du gereizt, ungeduldig, laut auf dein Kind?
Wie oft willst du die Klügere sein?
Wie oft willst du das letzte Wort haben?
Wie oft bist du kompromisslos und unkooperativ?

Wie oft nimmst du dein Kind einfach in deinen Arm?
Wie oft bist du einfach verrückt zusammen mit deinem Kind?
Wie oft habt ihr Spaß zusammen?
Wie oft lacht ihr zusammen?
Wie oft sagst du: „Ich weiß es auch nicht, aber wir finden es heraus!“

Geben wir nicht einfach ungefiltert das an unsere Kinder weiter, worüber wir selbst jeden Tag stolpern. Behandeln wir sie doch so, wie wir selbst behandelt werden möchten. Und wenn wir uns erlauben zu wachsen, wenn wir selbst aufhören, Spielchen zu spielen und uns zu verbiegen und zu verstecken, können auch unsere Kinder frei und unabhängig, stark und mutig, authentisch und wertschätzend sein.

Ich schaute auf. Es war still im Raum. Ich schaute zu Friederike: sie war eingeschlafen. Sie hatte sich gemütlich seitlich auf dem Sofa eingerollt und schlief. Ich lächelte, wischte mir die Tränen aus den Augen, nahm einen Stift aus meiner Tasche und schrieb „Danke“ auf die letzte Seite in ihrem Notizbuch. Dann legte ich es zurück auf den Tisch, erhob mich und sah dankbar und voller Liebe auf Friederike. Ich nahm eine Decke vom anderen Ende des Sofas und breitete sie über Friederike aus, damit sie nicht fror. Dann zog ich meine Jacke an, nahm meine Tasche und ging. Ich wusste nun, was zu tun war.

Schon von Weitem hörte sie die Musik. Umso näher sie dem Haus kam, desto klarer und größer wurden ihre Schritte, desto aufrechter ihr Gang. Laut knallten ihre Absätze auf den Asphalt. Sie war ganz in Schwarz gekleidet: ein schwarzes, kurzes Kleid, eine schwarzschimmernde, fast durchsichtige Strumpfhose, eine schwarze Tasche. Einzig auffällig an ihrem Outfit waren ihre knallroten, lackledernen Pumps. Ihre Haare hatte sie streng nach hinten gekämmt. Und ihr Gesicht verhüllte eine Maske aus schwarzen Federn – ähnlich den venezianischen Masken. Stilecht sollte ihr Auftritt auf dem Maskenball sein.

Sie betrat das Haus, den Saal, in dem der Ball stattfand. Es war viel los, die Leute tanzten, lachten, unterhielten sich, tranken, feierten. Die ersten Blicke trafen auf sie, streiften ihren Körper, untersuchten, scannten sie. Sie wusste, dass niemand sie erkennen würde – die Haare kurz und schwarz gefärbt, die Maske, die knallroten Lippen, das kurze Kleid, dass ihre Figur betonte und wie eine zweite Haut an ihr saß. Undercover. Maskiert. Perfekt. Loslassen, keine Rolle spielen, einfach sein. Heute Abend konnte sie es fühlen.

Sie lehnte an der Bar, fühlte über ihre Hand. Dort, wo der Ring gewesen war. Dann wurde ihr Lied gespielt. `I am what I am´ von Gloria Gaynor. Ohne zu zögern, betrat sie die Tanzfläche. Und ohne den anderen Tanzenden oder Umstehenden ihre Aufmerksamkeit zu schenken, tanzte sie, als wäre sie allein. Allein in ihrer Wohnung, ohne Beobachter, ohne Blicke. Irgendwann während des Tanzens bemerkte sie, wie um sie herum Platz entstand. Die Leute machten ihr Raum, beobachteten sie, strahlten sie an. Und sie konnte mit einem kurzen Blick auf die Umstehenden bekannte Gesichter sehen – alle waren da: ihre Familie, ihre Freunde. Hatten sie sie erkannt? Würden sie sie erkennen? Sie genoss diesen Moment. Und in den letzten Takten der Musik begann der Applaus. Um sie herum klatschten die Menschen und feuerten sie an. Und sie genoss, schwelgte, kokettierte.

Dann lüftete sie ihre Maske…

1 Jahr später
„Wir erreichen Berlin Hauptbahnhof. Bitte Vorsicht beim Ausstieg. Anschlusszüge…" Friederike hörte nicht weiter zu. Sie war nervös, denn sie waren spät dran. Ein Blick auf ihre Armbanduhr verriet ihr, sie hatten fast zwanzig Minuten Verspätung. Ihr Termin war um 16:30 Uhr. Sie konnte es noch schaffen.
Sie brauchte keine Wegweiser oder Informationsschilder, sie kannte sich aus. Berlin war ihr vertraut. Aus dem Bahnhof raus, die Straße überqueren, da war der Taxistand. Sie gab dem Fahrer ihre Zieladresse und lehnte sich schon etwas entspannter zurück. Sie freute sich auf den Tag, heute war die Eröffnungsfeier der Berlinale. Promis aller Couleur würden anwesend sein, durch Berlin wuseln. Sie mochte die besondere Atmosphäre der Festspiele. Und bevor es richtig losging, gönnte sie sich noch einen Termin bei ihrem Lieblingsfriseur. Direkt am Potsdamer Platz. Um die Ecke war der Berlinale Palast, wie das Theater während der Festspiele genannt wurde.
Sie betrat pünktlich den Friseursalon, wurde herzlich begrüßt und gebeten, noch einen Moment vorne im Eingangsbereich auf den eleganten Polsterstühlen Platz zu nehmen. Man bot ihr Cappuccino und Gebäck an, nahm ihren Mantel entgegen, und Friederike fühlte sich rundum wohl und genoss diese Momente des Verwöhntwerdens.

Sie ließ ihren Blick durch den großen, modernen Salon wandern. Alles wirkte sehr elegant, schlicht und hochmodern. Details, Farben, Accessoires und Mobiliar waren gekonnt und liebevoll aufeinander abgestimmt. Sachlich und schlicht, stilvoll und doch gemütlich und einladend.
Und doch bemerkte Friederike eine Veränderung, seit sie letztes Jahr zuletzt hier gewesen war. Hatten sie renoviert? Neue Möbel? Umgebaut? Sie konnte erst nicht genau sagen, was es war – so harmonisch verbanden sich die neuen Bilder an den Wänden mit dem Rest des Salons. Bilder! Jetzt erst nahm Friederike sie bewusst wahr. Das war es: sie waren neu. Letztes Jahr hingen sie hier nicht. Friederike konnte vier neue Bilder aus ihrem Blickwinkel ausmachen. Und egal wohin Friederikes Blick auch wanderte, immer wieder wurde er von einem der Bilder angezogen. Magnetisch. Magisch. Wunderschön. Die Bilder zeigten farbenfrohe Portraits, deren Augen durch den Salon zu wandern schienen. Die abgebildeten Personen bestanden aus geometrischen Formen und ließen doch klare menschliche Proportionen erkennen.
Während Friederike noch die Bilder betrachtete, kam ihre Friseurin Katharina auf sie zu, begrüßte sie und führte sie an ihren Frisiertisch.
„Die Bilder, sie sind neu hier, richtig?“, fragte Friederike ohne Umschweife.
„Ja, sie hängen hier seit einer Woche etwa. Pünktlich zur Berlinale. Gefallen sie Ihnen?“
„Sie sind wunderschön.“
„Ich muss Sie aber leider enttäuschen – sie sind unverkäuflich. Unser Chef hat sich in die Bilder verliebt, als er Anfang des Jahres auf einer Vernissage war, und sie für den Salon gekauft. Moment, ich schau mal, vielleicht haben wir noch einen Flyer. Dann könnten Sie die Künstlerin direkt kontaktieren.“

Damit verschwand Katharina, um kurz darauf mit einem Flyer in ihren Händen wieder bei Friederike zu erscheinen.
„Sie haben Glück! Ich habe tatsächlich noch einen gefunden. Die Flyer sind sehr gefragt. Hier“, sie blätterte im Flyer, „das ist sie. Sie hat die Bilder gemalt. Ihre nächste Ausstellung ist im Sommer in München – na, da haben Sie es ja nicht weit! Da könnten Sie sie sich anschauen!“ Katharina übergab Friederike den Flyer und begann, ihr Handwerkzeug zurechtzulegen und zu sortieren.

Friederike nahm den Flyer und betrachtete ihn. Vorne war eins der Portraits, das jetzt hier im Geschäft hing, sie erkannte es sofort. Friederike blätterte nach hinten und suchte nach dem Namen der Künstlerin. Eine Ahnung stieg in ihr hoch. Sie drehte den Flyer um.
Und sah in die Augen von Tanja. Friederike lächelte. „Ja, waschen und föhnen, bitte.“

ANHANG

Die Autorin

Almut Müller

www.reininswunschleben.com

Die Autorin

Almut Müller, Jahrgang 1979, Mutter eines Sohnes, Diplom-Pädagogin, ist Vertreterin des krummen Weges: „Der grade Weg hat bei mir nicht funktioniert – niemals." Zu viele Fragen, zu viele Möglichkeiten, zu viele Ideen, zu viel Lebendigkeit sind in ihr. So hat sie sich nie darauf begnügt und einschränken lassen, was als gegeben gilt.

Über viele Begrenzungen, Vorverurteilungen, vorgegebene Wertungen und Verhaltensweisen, Dinge, die tradiert als wahr oder falsch übermittelt werden, stolperte sie auf ihrem Lebensweg. Versuche, sich anzupassen, scheiterten und endeten nicht selten in depressiven Phasen und Ängsten.
„Ich schien in keine fertige Schublade zu passen – und das wollte ich auch nie!"

Bereits als Kind hinterfragte sie die Dinge, eckte an und suchte nach eigenen Antworten. Einige hat sie auf ihrem Weg gefunden, viele davon stecken in dieser Erzählung.

„Ich suche natürlich weiter", verspricht Müller.
Hier in diese Erzählung lässt sie mehr als 20 Jahre Suche, Erfahrung und Begegnungen einfließen. Und vieles von Almut Müller findet sich in den Protagonistinnen Tanja und Friederike wieder. Alle drei Frauen müssen sich in ihrem Leben entscheiden: den vermeintlich sicheren Weg zu gehen, Erwartungen zu erfüllen und tradierte Überzeugungen zu leben. Oder sich blaue Flecken zu holen, anzuecken und dem eigenen Weg zu vertrauen.

Von Almut Müller erscheint im Frühling 2022 das Entspannungsbuch **„Stress war gestern!“**, das sie mit ihrem Co-Autor Sven-David Müller verfasst hat.

Hinweise auf Entspannungsübungen, die in dieser Erzählungen vorkommen, werden dort professionell vertieft und erweitert. Und so besteht tatsächlich ein gewisser Zusammenhang zwischen ihrer Erzählung „Mein Gespräch mit Friederike“ und ihrem neuen Sachbuch.

Mehr Information zum neuen Werk:
www.bellingsbooks.com

Interview mit Almut Müller

Zum Buch «Mein Gespräch mit Friederike»

BellingsBooks Verlag: Du hast mir erzählt, dass du sage und schreibe 15 Jahre an deiner Erzählung geschrieben hast. Das ist in der Tat ein beachtlicher Zeitraum. Wie kommt es, dass du all die Jahre an dieser Idee, dieser einen Geschichte festgehalten hast?

Almut Müller: Die Geschichte ist sehr schnell ein Teil von mir geworden, mit mir gewachsen, hat sich stetig verändert. Ich wusste anfangs, dass sie noch lange nicht fertig ist. Da kribbelte und rumorte es noch... Ein Aufgeben kam mir daher nie in den Sinn. Diese Option gab es für mich nicht. Ich wollte diese Geschichte fertig in den Händen halten. Und immer wieder ist mir das Leben, der schnöde Alltag dazwischengekommen. Aber ich wusste immer, der nächste Zeitpunkt fürs Schreiben kommt. Und je mehr ich schrieb, desto mutiger wurde ich, mir diese Zeit aktiv zu nehmen.

Ich weiß, dass diese Geschichte mehr ist als die Schilderung einer Handlung. Sie kann mehr. Und dieses Mehr ist es wohl, an das ich all die Jahre geglaubt habe.

BellingsBooks Verlag: Was bedeutet dir das Schreiben?

Almut Müller: Schreiben ist für mich die verbindlichste Art, mich, meine Gedanken, meine Erfahrungen, meine Hoffnungen auszudrücken. Über das Schreiben sortiere ich mich selbst. Ich reflektiere. Ich lerne. Ich verarbeite. All das geschieht durch das Schreiben. Ich kann Abstand zu den Dingen gewinnen, weil ich das Geschriebene aus dem Kopf aufs Papier gebracht habe und das Papier – oder die Dokumentenseite auf meinem PC – kann ich beiseitelegen und ruhen lassen. Schreiben ist für mich ein wichtiger Teil meiner Entwicklung, eine Möglichkeit, mich zu entfalten.

Wenn Du wüsstest, was und wo und wie ich überall schreibe! Ich schreibe alles auf – manchmal nur, damit es mal kurz raus ist, dann kann der Zettel in den Müll. Aber ich brauche dieses Ventil.
Gleichzeitig ist Schreiben für mich eine Gestaltungsmöglichkeit, eine Kunstform. Ich bastle ein Bild aus Wörtern. Ich liebe es, schöne Sätze zu bilden, schöne Wörter zu benutzen, die in der gesprochenen Sprache nicht oder nur selten verwendet werden. Kurz nachdem mir die Idee zu meiner Geschichte kam, habe ich mir eine Wörter- und Sätzesammlung angelegt. In einem Notizbuch habe ich Sätze und Wörter gesam-

melt, die ich aufgeschnappt habe – in Büchern, im Fernsehen, Radio oder in Gesprächen. Ich wusste nicht, ob oder inwiefern ich diese Sammlung jemals brauchen würde. Aber ich wollte diese Wörter und Sätze nicht vergessen. Im Schreiben lebe ich meine Liebe zur Sprache. Da kommt viel zusammen.

BellingsBooks Verlag: Wie ist die Geschichte «Mein Gespräch mit Friederike» entstanden?

Almut Müller: Es war keine Idee, die plötzlich da war; keine Geschichte, die von Anfang bis Ende griffbereit vor mir, oder besser in mir war. Ganz ehrlich: Ich war damals so voller Gedanken, dass ich nach einer Möglichkeit gesucht habe, sie zu sortieren, rauszulassen, sie mitzuteilen. Um mich selbst zu sortieren. Tanja, die Protagonistin war mir sehr schnell präsent. Mit ihr entstand die Geschichte. Ich wollte von einer Frau erzählen, die auf der Suche nach ihrem eigenen, ihrem ureigenen Leben ist. Die voller Grenzen steckt, voller ungelebter Hoffnungen und Sehnsüchte. Die da rauskommt, die eine Möglichkeit findet, sich zu leben. Ich hatte zunächst nur diese Figur. Anschliessend habe ich lange Zeit nur Wörter, Sätze und Gedanken gesammelt. Und ich habe Ideen gesammelt, was diese Figur suchen könnte, was sie sich wünscht, aber auch, was sie am Leben hindert. Ich habe einzelne Szenen geschrieben mit dieser Figur. Die allermeisten dieser Szenen kommen jetzt in der fertigen Geschichte nicht vor. Aber sie waren ein wichtiger Teil der Entwicklung. Friederike, die zweite Protagonistin, tauchte immer wieder in unterschiedlichen Figuren auf, war lange Zeit nicht greifbar für mich. Erst als mir – tatsächlich plötzlich während einer Zugfahrt – die Idee kam, den Raum der Handlung zu beschränken und auch dialogisch zu schreiben, da war Friederike geboren. Und damit auch das grobe Gewand der Geschichte, der rote Faden. All das war nicht geplant. Es funktionierte nicht nach dem Motto „Wie schreibe ich ein Buch? Man nehme..." Es war ein Prozess, dem ich – ich weiß nicht genau, warum – vertraut habe.

BellingsBooks Verlag: Wie findest du dich selbst in deinen beiden Protagonistinnen wieder?

Almut Müller: Das ist sehr spannend! Nicht nur die Geschichte, sondern auch ihre Entstehung begann ja mit Tanja. Und da sehe ich sehr viel von der jungen Studentin Almut, die nach Möglichkeiten sucht, nach Freiheit, die sich an Grenzen und Vorurteilen stört, jedoch nicht recht weiß, wie sie sie abschütteln kann. Ich hatte immer eine klare Vorstellung von mir, meinen Träumen und Zielen, und bin oft in der Wirklichkeit gegen Wände gerannt. Tanja scheint diese

Wände zumindest oberflächlich zu akzeptieren. Das habe ich nie getan. Vielleicht war ich dazu einfach zu trotzig. Ich wollte das nicht akzeptieren. Hier kommt meine innere Friederike ins Spiel. Wobei Friederike sicher einen reiferen Weg des Umgangs damit gefunden hat. Ich bin noch unterwegs, brauche Zeit und werde mir sicher den einen oder anderen blauen Fleck holen oder Zahn ausbeißen. Aber auf meinem inneren Kontinuum steht Tanja am Anfang und Friederike ist mein Ziel. So eine ältere Dame zu sein, ist doch mega cool!

BellingsBooks Verlag: Was möchtest du den Leserinnen und Lesern mit auf ihren Weg geben?

Almut Müller: Das lässt sich auf wenige Sätze reduzieren: Folge deiner Freude. Erlaube dir, du zu sein und übernehme dafür die Verantwortung. Kopf aus, Herz an. Gehe gut mit dir um. Das klingt sehr einfach, aber da steckt alles drin. Ich wünsche den Leserinnen und Lesern, dass sie ihre inneren Ketten sprengen. Dass sie sehen, dass es Begrenzungen nur im eigenen Kopf gibt. Dass sie sich und dem Leben vertrauen. Dass sie Schluss damit machen, Ausreden zu finden, warum etwas so ist wie es ist oder nicht möglich sei. Dass sie aufhören, sich und anderen Vorschriften zu machen, wie man zu leben hätte. Dass sie sich selbst endlich als das wahrnehmen, was sie sind – ein Geschenk, ein Wunder, einzigartig, unwiederholbar. Und dass sie sich auf ihr ganz ureigenes Leben einlassen können. Das wünsche ich ihnen. Ich bin davon überzeugt, dass dieser Prozess in uns selbst, auch da draußen, ganz viel verändern kann. Denn dann braucht es ganz viele Eigenschaften nicht mehr, die jetzt in den unterschiedlichsten Erscheinungsformen und Varianten an der Tagesordnung sind – Gier, Neid, Missgunst, Missachtung, Respektlosigkeit, Minderwertigkeitsgefühle, Perfektionismus, Arroganz, tausende von Ängsten usw.

BellingsBooks Verlag: Auf welches nächste Werk von dir können wir uns freuen?

Almut Müller: Ja, ich arbeite bereits an der nächsten Erzählung. Oder besser gesagt, sie arbeitet in mir. Auch sie wird dialogisch sein und doch ganz anders. Es wird ein Gespräch zwischen einem Großvater und seiner Enkeltochter sein. Mein Arbeitstitel lautet „An deinem Bett". Mehr verrate ich noch nicht. Meine Leser und Leserinnen dürfen aber gespannt sein!

BellingsBooks Verlag: Wir freuen uns darauf!

Weitere Titel des BellingsBooks Verlags

Mehr Information und Buchshop:
www.bellingsbooks.com

Impressum

1. Ausgabe 2021

BellingsBooks Verlag
c/o Bellingswood Group GmbH
Hafenstrasse 50B
8280 Kreuzlingen TG
Schweiz

Das Werk einschliesslich aller Inhalte ist urheberrechtlich geschützt. Alle Rechte vorbehalten. Nachdruck oder Reproduktion (auch auszugsweise) in irgendeiner Form (Druck, Fotokopie oder anderes Verfahren) sowie die Einspeicherung, Verarbeitung, Vervielfältigung und Verbreitung mit Hilfe elektronischer Systeme jeglicher Art, gesamt oder auszugsweise, ist ohne ausdrückliche schriftliche Genehmigung des Verlags und der Autorin untersagt. Alle Übersetzungsrechte sind vorbehalten.

Druck: KOPA Offsetdruckerei, Vilnius, Litauen

Copyright BellingsBooks Verlag

www.bellingsbooks.com

ISBN: 978-3-907314-02-9

ISBN 978-3-907314-02-9

9 783907 314029 >